JESUS PARA TODOS

Dados Internacionais de Catalogação na Publicação (CIP)
(Câmara Brasileira do Livro, SP, Brasil)

Doré, Joseph
Jesus para todos / Joseph Doré ; tradução de Karin Andrea de Guise. – Petrópolis, RJ : Vozes, 2019.

Título original: Jésus expliqué à tous.
Bibliografia.
ISBN 978-85-326-6063-3

1. Cristianismo 2. Jesus Cristo 3. Jesus Cristo – Ensinamentos 4. Palavra de Deus I. Título.

19-23802 CDD-232.07

Índices para catálogo sistemático:
1. Jesus Cristo : Ensinamentos : Cristologia 232.07

Maria Alice Ferreira – Bibliotecária – CRB-8/7964

JOSEPH DORÉ

JESUS PARA TODOS

Tradução de Karin Andrea de Guise

EDITORA VOZES

Petrópolis

Título do original em francês: *Jésus expliqué à tous.*

Direitos de publicação em língua portuguesa – Brasil:
2019, Editora Vozes Ltda.
Rua Frei Luís, 100
25689-900 Petrópolis, RJ
www.vozes.com.br
Brasil

Editoração: Ana Lucia Q.M. Carvalho
Diagramação: Sheilandre Desenv. Gráfico
Revisão gráfica: Nilton Braz da Rocha
Capa: Renan Rivero

ISBN 978-85-326-6063-3 (Brasil)
ISBN 978-2-02-102669-6 (França)

Editado conforme o novo acordo ortográfico.

Este livro foi composto e impresso pela Editora Vozes Ltda.

SUMÁRIO

ABERTURA

Como anunciado pelo seu próprio título[1], esta obra propõe-se, justamente, a não apenas *explicar* Jesus, mas explicá-lo *a todos*!

Para que aquele que deseja colocar-se a caminho já tendo uma ideia dos assuntos que iremos tratar aqui, começaremos por reunir alguns elementos que deverão, evidentemente, ser verificados em seguida.

Há mais de vinte séculos teria nascido no lugar que era então chamado de Palestina (mais ou menos, o "Israel" de hoje em dia), um homem chamado Jesus[2]. Sua palavra e sua ação teriam suscitado interesse nas pessoas que o cercavam, em seguida, reticência e, finalmente, uma oposição firme que lhe teria custado ver-se condenado pelas autoridades encarregadas da ordem pública. Ele teria sido, então, morto crucificado em Jerusalém, ao mesmo tempo capital política e

1 Referência ao título original em francês: *Jésus expliqué à tous* (Jesus explicado a todos) [N.E.].

2 Lembremos que, ao menos na nossa civilização, designamos os anos exatamente a partir da data presumida do nascimento de Jesus.

cidade santa do povo judeu, no seio do qual Ele nascera cerca de trinta anos antes.

No entanto, as coisas não pararam por aí. Alguns dentre aqueles que o tinham escutado e seguido proclamaram tê-lo visto vivo após a sua morte; a nova espalhou-se e chegou até nós através dos tempos e dos lugares. Desta maneira, nasceu aquilo que chamamos de "cristianismo", que contaria hoje em dia com cerca de 1,5 bilhão de adeptos, mais ou menos distribuídos através do mundo.

Todas as questões abordadas aqui se resumirão, afinal, em apenas uma: Como foi possível que as coisas tivessem se desenrolado desta maneira? O que exatamente podemos saber sobre Jesus que nos permita ver de maneira um pouco mais clara o que pôde lhe valer tal destino, tal brilho, tal "sobrevida"? Sim, como *explicar* tudo isso; e como, também, *nos explicarmos para nós mesmos* diante de tudo isso?

Podemos dizer de pronto que tal "explicação" supõe que possamos esclarecer a história que "esse Jesus" viveu e a mensagem que Ele transmitiu através do seu ensinamento e da sua atividade, mas também a identidade que deve ter sido a sua, assim como a posteridade que Ele de fato suscitou, através de vinte séculos, até chegar a nós. História, mensagem, identidade, posteridade: essas serão, portanto, as etapas do nosso questionamento que visam "explicar Jesus".

O primeiro objetivo será nos esforçarmos para esclarecer aquilo que podemos efetivamente saber a respeito desse personagem sobre o qual todos ouviram falar e apreender ao menos alguma coisa sobre sua importância entre as grandes figuras da história da humanidade. A palavra será dada à ciência histórica e à reflexão crítica que a define e que ela coloca em obra.

É claro, não se trata de maneira alguma de negligenciar aquilo que os fiéis cristãos compreenderam, disseram e anunciaram até hoje relativo a este mesmo personagem. Simplesmente nos esforçaremos para elucidar as razões que eles puderam ter para se posicionar com relação a Ele e se expressar a seu respeito da maneira como o fizeram. Ou seja, não apenas chegando a reconhecer neste homem "um deus", mas até mesmo vendo nele a própria revelação do Deus "único, vivo e verdadeiro"! Este objetivo preciso deveria poder ser alcançado sem que seja solicitada uma adesão de fé àquilo que será assim exposto.

O signatário deste livro, que sou eu, não vê nenhuma razão em esconder que ele próprio é crente (cristão católico), teólogo (da Faculdade de Teologia e de Ciências Religiosas do Instituto Católico de Paris durante mais de vinte e cinco anos) e até mesmo bispo (atualmente emérito de Estrasburgo, onde exerci o ofício de 1997 a 2007). O leitor poderá, sem dúvida, considerar que tal identidade pode indubitavelmente qualificar-me para falar sobre Jesus, mas talvez o leitor tema que ela possa, apesar de tudo, fazer de mim um partidário ou um propagandista. Convidando, é claro, a julgar sobre fragmentos, eu me permito, de todo modo, a indicar que a concepção, que é de minha responsabilidade, como crente, teólogo e pastor, sempre proibiu-me de ceder a qualquer forma de proselitismo e, de maneira ainda mais forte, a qualquer forma de clericalismo, não importa qual sentido possamos dar a essas palavras.

Se eu certamente estimo ter boas razões para crer naquilo que creio – antes de tudo a respeito de Jesus –, eu não esqueço que 1) trata-se justamente de uma *fé* e não de uma evidência, tampouco de uma certeza que se impõem por si; 2) portanto, esta fé está incumbida de apresentar os meios para expor-se a si mesma de maneira inteligível (em seu conteúdo essencial, suas motivações e seu interesse) exatamente àquelas pessoas que, no entanto, não aderem a ela... e não necessariamente almejam aderir!

Parece-me que um "testemunho" proposto de maneira responsável é uma coisa completamente diferente de uma empresa de recrutamento (mais ou menos velada). Meu guia aqui será Péguy que declarou: "Quando vejo chegar meu amigo (e eu ouso pessoalmente dizer que estou, *a priori,* disposto a considerar todo leitor como tal), minha primeira ideia não é a de dizer para mim mesmo: "Como atrair o cliente?"

1
HISTÓRIA

Jesus existiu? Trata-se de um mito totalmente imaginado ou de um personagem histórico?

Sim, é realmente por esta questão que devemos começar! De que serviria discorrermos sobre uma figura histórica cuja existência não tivesse sido verificada e não poderia, portanto, ser tida como certa? Ora, é indicado que, de todo modo, nos séculos XIX e XX, essa existência foi realmente questionada e, até mesmo hoje em dia, ela por vezes ainda é colocada em dúvida.

No século XIX, aquilo que podemos chamar de "escola mística" desenvolveu um certo número de argumentos para recusar a existência histórica de Jesus e estabelecer que Ele não passava de um fruto da imaginação. Na França, o principal representante desta escola foi Paul-Louis Couchoud (1879-1959), que teve importância suficiente para que o filósofo da religião Jean Guitton acredite ter que discutir seus posicionamentos nas suas publicações sobre Jesus e as origens do cristianismo. Para a Alemanha, podemos citar

David Friedrich Strauss (1808-1874) e a escola de Tübingen de F.C. Baur.

A figura de deus que surgiu em forma humana para trazer socorro aos seus adeptos antes de voltar ao seu reino celeste seria, segundo esta escola, amplamente atestada na história das religiões, e isso relativizaria, portanto, totalmente aquilo que os cristãos dizem sobre o seu Jesus. No solstício de inverno (momento preciso do ano onde a duração do dia recomeça a ser maior do que a da noite), os antigos romanos celebravam o *Sol invictus*, ou seja, a vitória do deus Sol sobre a noite e a morte. Ao escolher (no século IV) fixar precisamente neste momento sua festa de Natal, ou seja, o aniversário do nascimento de Jesus, os cristãos só teriam feito um decalque da religião pagã dominante com o intuito de melhor substituí-la pela sua. Não haveria outra explicação para o fato de eles terem apresentado o seu Jesus como "a visita do Sol nascente que há de iluminar os que jazem nas trevas e na sombra da morte e dirigir os nossos passos no caminho da paz" (Lc 1,78-79), como "a luz para iluminar as nações" (Lc 2,32), como "a verdadeira luz que ilumina todo homem" (Jo 1,9) e, finalmente, como "a luz do mundo" (Jo 8,18). E o fato da ressurreição de Jesus ser frequentemente associada à imagem da fênix renascendo das suas cinzas provaria que estamos no universo do maravilhoso e não no da história.

Poderíamos alongar a lista de argumentos da escola mística. Todos militam a favor da inexistência de Jesus. Aquilo que foi apresentado como sendo sua personalidade, seu comportamento e seu destino seria, na verdade, da alçada do mito. Os supostos testemunhos de que dispomos, relativos a um assim chamado Jesus, seriam fruto de pura invenção, até mesmo de um franco embuste. A fabulação original deveria seu sucesso apenas à credulidade das populações facilmente permeáveis ao maravilhoso e que teriam, a partir deste momento, complacentemente repercutido a fábula.

Mas as cartas do jogo logo mudaram. Paralelamente à escola dita "mística", aos poucos entrou em cena, com aquilo que viria a se tornar a ciência histórica, uma escola – ou melhor, um método – crítica. Essa última não iria demorar a trazer à tona as comprovações da existência de "um certo Jesus" em um tempo, um lugar e um contexto identificados com precisão suficiente para que nenhuma dúvida não apenas deixasse de ser permitida como também não fosse mais possível.

Esse Jesus cuja existência histórica foi estabelecida é o mesmo que chamamos de Jesus Cristo?

Certamente. No entanto, antes de irmos adiante neste ponto é importante introduzir uma distinção capital em matéria de pesquisa e de reflexão sobre o personagem ao qual é dedicado o presente livro. No próprio título desta obra e em suas primeiras páginas, nós nos atemos intencionalmente à designação "Jesus". Todos sabem, entretanto, que falamos igualmente e muito habitualmente de Jesus Cristo.

É essencial prestar atenção nesta diferença. Pois, apesar dos dois termos dizerem respeito à mesma figura, à mesma personalidade, eles a abordam e designam cada um sob um ângulo bem diverso. O primeiro termo – Jesus – remete diretamente à realidade e ao destino humanos efetivos de um homem dentre os homens, chamado Yeshua/Jeoshua/Josué/Jesus. Enquanto o segundo termo – Cristo – apesar de visar esta mesma existência humana concreta de Jesus, este termo o designa, o reconhece (diremos: o "confessa na fé") como

Messias, já que *Christos*/Cristo é a expressão grega daquilo que *Mashiah*/Messias quer dizer em hebraico. Em suma, aquele que se manifestou e apareceu a todos seus contemporâneos como Jesus, foi reconhecido e professado pelos seus fiéis como sendo o Cristo/Messias, fazendo com que eles próprios se tornassem, neste mesmo movimento, *christianoi*/cristãos. Será necessário levar em conta o que isso supõe, significa e acarreta.

Em um primeiro momento nós nos concentraremos, de um ponto de vista histórico, sobre aquilo que diz respeito a Jesus e sobre o que podemos dizer da sua figura humana. É apenas mais tarde que poderemos nos preocupar com aquilo que acrescenta e traz para "este Jesus aqui" a designação de Jesus Cristo.

Como foi possível ter certeza da existência de Jesus? Quais são as constatações indubitáveis?

Qualquer que seja o acontecimento, a personagem ou o período que ele estuda, o historiador só pode trabalhar a partir de "fontes", documentos que são essencialmente textos, apesar dos vestígios arqueológicos poderem ser também preciosos quando se trata de períodos antigos e até mesmo muito antigos e as testemunhas oculares podem se mostrar decisivas quando o que está em jogo são fenômenos contemporâneos. No caso preciso de Jesus, personagem que se acredita ter vivido há vinte séculos, a via arqueológica apresenta um real interesse, como vamos verificar, mas dependemos principalmente das fontes escritas que nos são acessíveis hoje em dia.

Comecemos pela arqueologia. Deste ponto de vista, o último século jogou muitas luzes sobre a situação da Jerusalém do tempo de Jesus já que, guardemos ao menos esta informação, estima-se ter sido identificado o pretório onde Ele foi condenado e o traçado do caminho para o lugar onde Ele foi colocado sobre a cruz através das ruas principais da cidade, graças a escavações sistematicamente conduzidas em Jerusalém por especialistas. Mas devemos sobretudo ressaltar a descoberta, no teatro de Cesareia, ao sul do Monte Carmelo, de uma inscrição que menciona o Pilatos do processo de Jesus – aliás, exatamente com o seu título de "prefeito".

Isso não é pouca coisa para estabelecer com certeza a existência de Jesus?

Isso está longe de ser negligenciável, pois é o suficiente para estabelecer um vínculo com os evangelhos que são – e de longe – os principais textos que nos relatam a vida de Jesus. Antes de nos voltarmos para eles, convém, todavia, mencionar as outras atestações textuais, ainda mais interessantes por serem oriundas de escritores não cristãos, portanto não há a suspeita de que eles queiram convencer alguém da existência de Jesus. Pouco numerosas, elas nem por isso são menos expressivas e não apresentam ambiguidade.

O historiador Suetônio (cerca de 70-128; *Cláudio*, 25,4) relata que no ano 49 (ou talvez já em 41) da nossa era, "como os judeus (ao menos entre aqueles que já afirmavam ser cristãos) amotinavam-se continuamente devido à instigação de *Chrestos*, (o imperador) os expulsou de Roma". Em uma carta a Trajano (*Cartas*, 10, 96), o latino Plínio o Jovem (61-62-v. 114) informa seu amigo imperador sobre essas pessoas que dedicam um culto "ao Cristo como a um deus". Ainda mais explícito, o judeu Flávio Josefo (após 100; *Antiguidades judaicas*, XVIII, 63-64) que faz bem a distinção entre "Jesus" e "Cristo", escreve: "Neste tempo apareceu Jesus, um homem sábio [...]; era um fazedor de prodígios, um mestre das pessoas que acolhiam a verdade com alegria. Ele arrebatou muitos judeus e também muitos gregos [...]. E quando Pilatos, devido à denúncia dos primeiros dentre nós (digamos: as autoridades judaicas), o condenou à cruz, aqueles que o tinham amado até então não deixaram de fazê-lo [...]. Até agora, o grupo de cristãos (assim designados por causa dele) ainda não desapareceu".

Este é, enfim, antes do ano 120, o propósito do romano Tácito (cerca de 55-119; *Anais*, 15,44): "[...] para sufocar o rumor (segundo o qual ele tinha ordenado o incêndio de Roma em 64), Nero produziu como culpados e os entregou aos tormentos (aqueles que) a multidão chamava de cristãos. Este nome deriva de Cristo que, sob o principado de Tibério, o procurador Pôncio Pilatos tinha entregado ao suplício [...]".

Esses são os únicos textos não cristãos que falam de Jesus? Eles não são muito numerosos...

Contudo eles são suficientes para afirmar que não é mais permitido duvidar da existência de Jesus, pois o encontramos expressamente mencionado entre as "testemunhas", seja totalmente estrangeiras a seus adeptos diretos, seja hostis aos membros da sua posteridade imediata.

Para ficarmos no campo extracristão, a questão aqui pode ser colocada a respeito de uma eventual contribuição dos textos do judaísmo antigo ao assunto do "Jesus da história". Neste contexto, podemos mencionar os "evangelhos" e outros escritos ditos "apócrifos", ou seja, não integrados ao conjunto dos textos oficialmente adotados pelos cristãos no "cânone" do Novo Testamento[3]. Entretanto, somos forçados

3 *Cânon* quer dizer "regra" em grego. O Novo Testamento comporta os quatro evangelhos (Mateus, Marcos, Lucas e João), que seguem os Atos dos Apóstolos, em seguida as epístolas de Paulo (principalmen-

a constatar que, se por um lado esta literatura nos informa sobre os meios judeus da época intermediária entre o Antigo e o Novo testamentos, dito "intertestamentária" e um pouco aumentada, ela não traz nada de substancial nem de específico quanto à história e à historicidade de Jesus.

Os famosos manuscritos do Mar Morto descobertos a partir de 1947 nas onze grutas de Qumran, onde na época de Jesus vivia, retirada do mundo, uma comunidade essênia, nos são preciosos para determinar como poderia ter sido o contexto no qual Jesus viveu; mas eles não fazem nenhuma alusão direta ao homem de Nazaré.

Os escritos ditos gnósticos[4] descobertos em 1954 em Nag Hammadi no Egito, em particular o Evangelho de Tomé (final do século II?) que relata mais de cem "palavras de Jesus" (precisamente 114) das quais algumas poderiam ser autênticas, nos informam sobre os vínculos dos primeiros grupos cristãos com o mundo mediterrâneo e asiático conquistado por Alexandre o Grande, levando em conta a influência deste último sobre o contexto judaico da época, inclusive na Palestina.

---

te) e enfim o Apocalipse, dito "de São João". Ao mesmo tempo, em inter-relação e em contraste com esses textos cristãos fundadores, o Antigo Testamento reúne as Escrituras santas do povo judeu, repartindo-as em três grandes conjuntos: o Pentateuco (Gênesis, Êxodo etc.) e os livros históricos (Juízes, Reis etc.), os Profetas (Isaías, Jeremias etc.) e os Escritos (principalmente os livros da sabedoria e o livro dos 150 salmos).

4 O gnosticismo (palavra derivada de um verbo grego que significa "conhecer") é uma corrente da filosofia religiosa que amalgama o judaísmo, o cristianismo e as tradições orientais e que conheceu um grande esplendor nos primeiros séculos da nossa era. Ele pretendia fornecer aos seus adeptos um conhecimento secreto de Deus que asseguraria a salvação àqueles que tivessem sido iniciados.

Quanto aos textos do judaísmo rabínico[5], a Mishná e os dois Talmudes, se Jesus é ali por vezes mencionado (cerca de quinze alusões), é geralmente em termos depreciativos. Devemos dizer, todavia, que se trata mais de ecos bastante superficiais de uma polêmica mais ou menos declarada entre judeus e cristãos do que fontes históricas com as quais poderíamos efetivamente contar para nos trazer algum esclarecimento sobre o Jesus da história.

Se a existência de Jesus foi estabelecida, o que sabemos com certeza sobre a sua vida? O senhor mencionou os evangelhos. Eles são confiáveis?

Como acabamos de ver, os testemunhos extracristãos nos trazem, portanto, uma certeza relativa à existência de um Jesus da história. Mas, além deste dado cuja importância não podemos subestimar, é preciso reconhecer de pronto que permanecemos largamente na nossa fome de conhecimento referente à identidade e à vida do personagem. As únicas fontes das quais dispomos para nos esclarecer um pouco mais são, consequentemente, os evangelhos ditos "canônicos" que constituem uma parte notável do Novo Testamento.

Por isso devemos reconhecer também que esses escritos estão muito longe de ser uma verdadeira biografia de Jesus! Certo, eles cobrem o caminho que vai do seu nascimento e até mesmo da sua concepção ao final da sua vida e eles nos

5 O judaísmo rabínico é a organização da religião judaica em torno destes guias e animadores de comunidades que eram os rabinos. Eles não eram sacerdotes, mas, antes, mestres, ou melhor, chefes de escola que ensinavam a Torá, ou seja, a "Lei". A Mishná é uma compilação realizada no século II d.C.; os Talmudes (de Jerusalém e da Babilônia) acrescentam comentários autorizados.

relatam igualmente uma quantidade importante das suas palavras e dos seus atos, assim como numerosas reações dos seus diversos públicos. Mas esses evangelhos, que são em número de quatro, não convergem em todos os pontos entre si. Por outro lado, eles não nos dão nenhuma informação sobre partes importantes da vida do seu "herói". Sobretudo, eles constantemente trazem a interferência de atores, de instâncias e de poderes que ultrapassam em grande escala o quadro habitual de uma vida humana: Deus, o Pai, o Espírito Santo, os anjos, satã, os demônios etc. Enfim, a existência histórica que eles nos apresentam só toma toda sua consistência e todo seu significado em relação a um antes e a um depois situados em Deus. Deus de quem "este Jesus" parece ter vindo e para o qual nos é dito que Ele voltou... sem ter, no meio-tempo, para dizer a verdade, jamais ter deixado – a ponto de que seria conveniente admitir que, afinal de contas, o próprio Jesus deveria ser reconhecido como Deus!

Há um motivo para esse dado tão surpreendente: os evangelistas que dão testemunho sobre Jesus só o fazem ao relerem os acontecimentos da sua vida através da fé, nascida pouco tempo após sua morte, na sua ressurreição! Os episódios da vida do Jesus da história – os evangelistas, aliás, ressaltam que aqueles que cercavam Jesus frequentemente não os compreendiam – são na realidade interpretados em função da descoberta inesperada de que "este homem" mantinha com Deus um vínculo de natureza realmente única.

Mas, então, os evangelhos já são uma interpretação da vida de Jesus visando difundir a fé nele e eles não podem, portanto, nos ensinar nenhuma certeza histórica?

Já que os únicos testemunhos capazes de nos esclarecer sobre sua existência histórica são aqueles que figuram no Novo Testamento, que o tomam por "mais do que simplesmente Jesus", só pode haver uma maneira de abordar essa questão. Trata-se de buscarmos estabelecer se e em qual medida, sempre transparecendo uma atitude que tomava Jesus por mais do que um indivíduo dentre outros, as fontes evangélicas não veiculariam, no entanto, elementos que 1) remetessem efetivamente ao personagem Jesus tal qual puderam descobri-lo e frequentá-lo seus contemporâneos; 2) nos seriam efetivamente acessíveis hoje em dia com veracidade suficiente graças a uma metodologia apropriada.

Como distinguir ou reconhecer esses elementos históricos no Novo Testamento, se eles tomam Jesus por mais do que um homem?

Aqui é indispensável que apresentemos rapidamente alguns esclarecimentos sobre como foram praticadas as exegeses dos textos neotestamentários, dito de outra maneira, que conheçamos de modo preciso os métodos sucessivamente utilizados para tentar esclarecer seu(s) significado(s) real(is). A palavra "exegese" é proveniente de um verbo grego que quer dizer "fazer sair". Este termo expressa, portanto, a ideia de que a leitura científica da Bíblia tem como objetivo "fazer sair/extrair" do texto o(s) sentido(s) que ele carrega. Enquanto não tínhamos os meios para tratar os textos bíblicos historicamente, ou seja – vamos insistir sobre este ponto –, pelas vias e os meios da história, seja por que esta última ainda não tinha nascido ou sido constituída como ciência, seja porque ela nem sempre era aplicada a este tipo de escritos, praticamente não foi feita a distinção entre a abordagem científica e a abordagem doutrinária (que de resto poderia comprovar ser extremamente refinada). No fundo, considerávamos que a Escritura – aqui o Novo Testamento – "dizia a verdade" sobre Jesus, sem que distinguíssemos efetivamente a seu respeito um aspecto histórico (seu caráter de acontecimento concreto, o aqui e o hoje do relato: Jesus) e uma dimensão doutrinária-teologal (sobretudo sobre ressurreição e divindade: Cristo).

Seguramente, seria possível aceitar ou recusar o Novo Testamento e a Igreja que o apresentava. Seria possível interessar-se por Ele ou não. Seria possível também receber apenas aquilo que, relativo a Jesus, estimava-se ser plausível. Mas se estes tipos de escritos fossem realmente aceitos, tais como eram apresentados pela Igreja, não havia os meios para fazer uma distinção entre os dados factuais e as assertivas doutrinárias e, consequentemente, a adesão a esses textos era dada ou recusada globalmente. Dito de outra forma: não era possível aceitar tal palavra ou tal ato atribuído a Jesus e deixar de lado aquilo que é dito, por exemplo, sobre seu nascimento virginal ou seu destino pascal. De certa maneira, era "pegar ou largar"!

Quando começaram a ler o Novo Testamento de maneira diferente? A distinguir a doutrina dos fatos e acontecimentos relatados por este texto?

As coisas começaram a mudar quando, ao longo do século XIX, foram utilizados os métodos científicos e críticos recentemente aperfeiçoados pela ciência histórica: "estabelecimento" dos textos, ou seja, restituição do seu estado primeiro a partir dos documentos que os transmitiram a nós, em seguida, tratamento metódico: restituição ao contexto global do Oriente Próximo da época, pesquisa arqueológica etc. A instrução foi, então, a da "volta a Jesus", para além de todos os "adornos" que teriam sido acrescentados à sua figura através da crença e da doutrina. Esta foi a tarefa tomada em mãos particularmente pela grande corrente alemã da *Leben-Jesu-Forschung* ("pesquisa histórica sobre a vida de Jesus").

Ora, o resultado de toda essa pesquisa foi ao mesmo tempo inesperado e peremptório. Longe de restituir o Jesus "puro, seguro e rígido" que se esperava alcançar, a empreitada acabou apresentando uma grande diversidade de figuras de Jesus: agitador político ou mágico da palavra aqui, desconcertante fazedor de prodígios ou reformador espiritual acolá etc. Mais surpreendente ainda: ao termo de um exame quase exaustivo dos resultados, Albert Schweitzer (1875-1965), que foi não apenas um grande organista e um grande médico, mas também um verdadeiro exegeta e um teólogo, estabeleceu, desde 1906, que cada pesquisador fosse levado a apresentar um Jesus compreendido através dos seus próprios conceitos sobre a sociedade e a existência humana: em suma, aprendia-se mais sobre o exegeta que se expressava do que sobre o personagem que ele pretendia estudar. Assim fechava-se uma primeira etapa da pesquisa histórica especializada sobre Jesus.

Então, chegou Bultmann (1884-1976). Sendo ele próprio exegeta, mas também filósofo e teólogo, convidou a constatar que seria definitivamente impossível trazer à luz um Jesus histórico totalmente desobstruído de toda e qualquer interpretação. Na realidade, jamais chegaríamos ao próprio Jesus, mas sempre apenas àquilo que se diz sobre Ele e, em "formas literárias" bem reveladoras das condições da própria vida das diversas comunidades de fiéis do século I que falaram e em seguida escreveram sobre Ele. E não apenas isso, prosseguia Bultmann, consequentemente seria necessário, a partir daquele momento, aceitar nada (ou quase nada) poder saber sobre Jesus, mas seria necessário até mesmo admitir que não devemos querer saber nada. Pois, na verdade, em se tratando deste personagem, a verdadeira questão não seria como chegar a um conhecimento objetivo a seu respeito. A verdadeira questão seria – é sempre Bultmann quem fala – decidir como engajar-se existencialmente à sua palavra e dar continuidade à mensagem deste insigne profeta, para ter oportunidade de chegar por si mesmo a uma real "autenticidade" humana.

Novo rebuliço surgiu com Ernst Käsemann (1906-1998) na geração seguinte. Segundo este teólogo, que foi sem dúvida o mais brilhante discípulo de Bultmann, é na verdade perfeitamente possível (não importa o que possa ter afirmado o seu mestre de Marbourg) aperfeiçoar uma epistemologia e uma metodologia aptas a permitir um acesso suficientemente confiável à realidade histórica de Jesus. E caberia a Käsemann propor um certo número de critérios que permitiriam o discernimento histórico efetivamente fundado. Desencadeados pelo abalo causado por Bultmann, os trabalhos se multiplicaram em torno de Käsemann e mobilizaram uma plêiade de pesquisadores, sobretudo alemães: J. Jeremias, E. Fuchs, H. Conzelmann, H. Schürmann, G. Bornkamm etc. A lista, não exaustiva aqui, é impressionante. Ela delimita aquilo que geralmente chamamos de uma segunda etapa da pesquisa especializada sobre Jesus.

Através de diversos avatares, especialmente nos Estados Unidos (a "terceira busca" do *Jesus Seminar*, de obediência mais judaica ou protestante, e a pesquisa magistral do católico John Meier (*A Marginal Jew: Rethinking the Historical Jesus – [Um Judeu Marginal. Repensando o Jesus histórico]*)[6], esses critérios acabaram por reunir os sufrágios da maior parte dos pesquisadores especializados.

Estamos falando aqui de discussões muito eruditas...

Não se trata aqui de avançarmos muito no canteiro de obras desses últimos trinta anos que são, aliás, muito ativos e onde os posicionamentos podem variar consideravelmente. O mais útil e, ao mesmo tempo, o mais esclarecedor será, agora, indicar, de um lado, o estado dos *textos* sobre os quais trabalhamos e, de outro lado, alguns grandes princípios de interpretação – antes de tudo, esses preciosos critérios que acabamos de evocar – sobre os quais, de agora em diante, estamos amplamente em acordo para podermos tratar do assunto.

Podemos começar dizendo uma palavra acerca da base textual sobre a qual iremos trabalhar: os "manuscritos do Novo Testamento". Se os originais desapareceram, várias grandes bibliotecas do mundo possuem um número importante de antigos papiros e pergaminhos. Contamos, por exemplo, oitenta e oito fragmentos de papiros (vários datados de meados do século II) e quase três mil manuscritos gregos redigidos em escrita uncial (maiúsculas) ou em letras cursivas (escrita corrente). Se acrescentarmos os fragmentos

6 Monumento de erudição histórica ainda inacabado no momento em que escrevo este livro e em curso de tradução ao francês pela Éditions du Cerf, Paris.

siríacos, coptas, armênios e latinos, os lecionários litúrgicos e as citações esparsas entre os autores dos primeiros séculos, a colheita é, para os manuscritos neotestamentários, consideravelmente mais abundante do que de qualquer outro autor da Antiguidade clássica, do grego Platão ao latino Cícero. Certo, há numerosas "variantes" entre esses diversos manuscritos, mas hoje em dia nós dispomos de edições confiáveis que, mesmo apresentando um texto original restituído de maneira crítica, indicam em nota as principais diferenças entre os diversos testemunhos textuais, de agora em diante repertoriados e tratados pelos especialistas[7].

Ao mesmo tempo que o estabelecimento dos textos a partir dos manuscritos disponíveis, a "crítica das fontes" preocupa-se com a datação dos diferentes escritos e com as relações entre eles. Dos três evangelhos denominados "sinóticos", pois podemos dispô-los em colunas paralelas e, portanto, "vê-los no conjunto", segundo o sentido do verbo grego de referência, o mais antigo é Marcos (cerca de 65). Mateus e Lucas (cerca de 80-85) referiram-se ao mesmo tempo a ele e àquilo que chamamos de "tradição Q" (do alemão *Quelle*, que significa "fonte"), sem dúvida um pouco mais antiga (nascida nos anos 40). Quanto ao quarto evangelho, o de João, ele encontrou sua forma atual por volta do ano 95. Mas não devemos perder de vista que, muito anteriores aos evangelhos, várias cartas de Paulo, que constituem uma segunda parte do Novo Testamento, também podem dar sua colaboração. Verifica-se isso particularmente na Primeira Carta aos Tessalonicenses, sobre a qual temos a certeza de ter sido escrita em 50-51 – ou seja, apenas vinte anos após a morte de Jesus.

---

7 É o caso, em particular, da *Bíblia de Jerusalém* (op. cit.) e da TEB (Tradução Ecumênica da Bíblia) (Paris: Société Biblique Française/Cerf).

Tendo em mente o estabelecimento e a datação dos textos podemos, então, nos dedicar a determinar a contribuição histórica destes segundo diferentes critérios. E é justamente aí que devem ser levados em conta os princípios ou critérios elaborados na sequência do célebre "Não" de Käsemann a Bultmann.

Quais são, então, esses famosos critérios que permitem discernir o conteúdo histórico dos textos?

Para simplificar, eu mencionarei aqui apenas três. O primeiro critério pode ser chamado de "atestação múltipla": a menção das palavras ou atos de Jesus por diversas testemunhas independentes (Q, Marcos, Paulo, João etc.) advoga a favor da autenticidade.

Em seguida, vem um critério "de diferença": quando uma passagem evangélica atribui a Jesus um dito ou um feito que não corresponde àquilo que conhecemos, por outras fontes, sobre seu meio (judeu) ou sobre a situação das comunidades cristãs que após a sua morte referiram-se a Jesus, só podemos, sensatamente, atribuí-las ao próprio. Um único exemplo, mas transparente: nos é dito que Jesus foi batizado por João Batista. Essa indicação só pode ser tomada como verdadeira, pois se levarmos em conta as sérias tensões existentes no século I entre os discípulos do Batista e os de Jesus, por que esses últimos teriam inventado uma manifestação de apoio, até mesmo de submissão, do seu mestre ao seu concorrente?

Um terceiro critério é o "de coerência": seremos autorizados a acreditar ser ao menos plausíveis as palavras e os atos que parecem poder ser integrados aos resultados adquiridos pela aplicação dos dois primeiros critérios.

Uma vez coletados esses dados, só resta articulá-los uns com os outros. Graças a tal metodologia, conseguimos realmente obter uma representação bastante precisa e confiável do Jesus histórico, além da certeza – dali em diante indiscutível, como dissemos – da sua existência histórica.

A partir daí é possível, hoje em dia, entrarmos em acordo sobre uma espécie de "menor denominador comum" a respeito do Jesus da história? O que podemos dizer, para começar, sobre o desenrolar da sua vida?

Geralmente estamos de acordo para fixar o nascimento de Jesus sob o reinado do Imperador Augusto, entre o ano 6 e o ano 4, "antes de Cristo" (como falamos "a partir dele"!), em todo caso, antes da morte de Herodes o Grande, no ano 4. Quanto ao local, alguns historiadores pronunciam-se a favor de Nazaré; aliás, essa última localidade permanecerá, para Ele, o local de referência (não falamos habitualmente de "Jesus de Nazaré"?). Evocada pelo Evangelista Mateus, Belém, a cidade do rei Davi, guarda, entretanto, uma plausibilidade histórica (e não apenas teológica).

Para todos que o cercavam, Jesus era o filho de Maria, esposa de um certo José (Mt 1,18-19). Sua língua materna era o aramaico em sua forma dialética galileia; mas Ele conhecia o hebraico, língua do culto do Templo de Jerusalém e das sinagogas do país, que Ele evidentemente frequentava, como é atestado no episódio passado em Nazaré e relatado em Mt 4,16. Sem dúvida, Ele praticava também o grego.

Por volta do ano de 27 ou 28, Ele deixou sua família e seu "país" de Nazaré, onde vivera até então em um contexto mais rural do que artesanal, para se fazer batizar por João às margens do Rio Jordão. Essa imersão nas águas que evoca a morte, da qual "ressurgimos" purificados e vivos, simboliza ritualmente a passagem a uma nova vida. Em seguida, Jesus permanece um tempo no deserto, como o Batista. Todavia, Ele começa rapidamente uma atividade de pregador itinerante, sobretudo através da Galileia e em particular nas cercanias de Cafarnaum e do Lago de Tiberíades. Ele se divide, então, entre o anúncio da vinda do "Reino de Deus" que leva à necessidade urgente de uma "conversão"[8] e o alívio dos doentes através de palavras e atos que rapidamente foram considerados como milagres por aqueles que os presenciaram.

Essa atividade atrai sobre Ele uma atenção crescente. De um lado, um grupo de discípulos constitui-se à sua volta, no qual, pouco a pouco, se sobressairá o subgrupo formado por aqueles que mais tarde serão chamados de "os apóstolos" ("os Doze" da redação evangélica). Mas, por outro lado, essa atividade e seu relativo sucesso lhe valem uma hostilidade igualmente crescente por parte de diversos grupos sociorreligiosos que Ele incomoda cada vez mais. Sobretudo a partir do momento em que (podemos acreditar que tenha sido na primavera do ano 30) Ele decide "se dirigir a Jerusalém" (Lc 9,51).

Sua crítica ao culto praticado no Templo, assim como o comportamento "contestador" ali adotado por Ele, indispõe a aristocracia sacerdotal do local. Um acordo conjuntural

---

8 Segundo o Novo Testamento, a conversão (ao mesmo tempo ato de "voltar-se/retornar, voltar para trás, sobre o mesmo caminho" e de "mudar de mentalidade/de espírito") expressa a decisão de "voltar" ao Deus que "deixamos" pelo "pecado". É o objeto principal (que será retomado por Jesus) da pregação de João Batista.

das autoridades da nação judaica (Jerusalém é então dirigida pelo grande Sacerdote Caifás) e dos representantes do poder romano de ocupação, conduz à decisão de livrar-se dele ao término de um processo feito apressadamente. A sentença de condenação será pronunciada por Pôncio Pilatos, o prefeito romano já evocado.

Jesus será finalmente colocado na cruz às portas de Jerusalém, no lugar chamado Gólgota, abandonado por quase todos seus próximos que, no entanto, Ele buscara reunir dois dias antes para uma "refeição de adeus" habitualmente designada como "a Última Ceia"[9]. O cálculo astronômico feito a partir das indicações cronológicas do Quarto Evangelho (o de João) permite estimar que Ele tenha morrido no dia 7 de abril de 30 (sexta-feira, 14 de Nissan, segundo o calendário judaico).

Quando a tradição cristã fala da ressurreição de Jesus, trata-se então de um mito, de um fato não comprovado?

Assim como são comprovados os diferentes episódios da vida de Jesus que nós acabamos de citar, da mesma maneira é historicamente verificado que desde os anos 35-40 espalhou-se um "rumor" lançado pelos seus discípulos mais próximos nos dias que se seguiram imediatamente após a colocação no túmulo: Jesus teria sido visto vivo! E, por outro lado, nos é assegurado ainda que em torno deste testemunho e da sua repercussão oral logo colocada por escrito (de início, de maneira fragmentada) não tardaram a se constituir as primeiríssimas comunidades cristãs: primeiro na Palestina, pouco depois e de maneira progressiva, em particular graças

9 Do latim *coena/cena*, que quer dizer "jantar/ceia".

ao ministério de Paulo, em uma parte considerável dos arredores do Mediterrâneo, como veremos mais à frente.

Entre outras, nós temos a prova indubitável no fato de que Paulo tenha redigido, a partir do ano de 50-51, dirigindo-se aos cristãos já presentes na Tessalônica, na Grécia, o que será cronologicamente o primeiro escrito do Novo Testamento: a Primeira Carta aos Tessalonicenses. Ali descobrimos que, baseado na fé na ressurreição de Jesus, Ele já é confessado como o "Cristo-Messias", o "Filho de Deus" e o "Senhor"! Atestação formal, como podemos ver, daquilo que será a fé cristã em Jesus Cristo. Atestação fortemente precoce, portanto – apesar de ainda precisar ser mais pormenorizada –, desta fé que acreditou poder reconhecer no Jesus da história o Cristo-Messias de Deus.

Tudo isso tendo sido colocado, podemos continuar dizendo que Jesus era judeu?

Não devemos hesitar um só instante sobre a resposta: é "sim"! A questão que deve ser colocada é, de preferência, saber qual "tipo" de judeu Jesus pode ter sido. E isso nos compele, primeiro, a esclarecer a qual grupo sociorreligioso podemos ligá-lo na Palestina sociologicamente tão contrastante da época.

O comportamento público de Jesus progressivamente lhe deu um perfil pessoal muito característico que fez com que Ele, enfim, fosse além de todos os moldes nos quais, a cada vez, pretenderam inscrevê-lo, até chegar a lhe dar uma imagem totalmente única na história da humanidade. Isso não impede que Ele tenha definido sua trajetória pessoal apenas em referência a um ambiente, a pertencimentos e, por fim, a um meio humano onde nasceu, cresceu, viveu e foi formado durante os cerca de trinta primeiros anos da sua existência. Como poderíamos compreendê-lo independentemente deste contexto?

Flávio Josefo nos esclarece bem sobre os diferentes grupos ou movimentos religiosos do momento. Podemos primeiro mencionar os fariseus (palavra originária de um termo que quer dizer "separados"), que se distinguiam pela sua preocupação baseada em respeitar, de maneira escrupulosa, todas as prescrições da Lei de Moisés[10].

Próximos dos precedentes, os essênios (ou os "santos") também podem ser incluídos na ordem da pureza ritual. Reagrupados em uma comunidade de justos e puros colocados à parte, eles pretendiam ser estrangeiros a toda forma de compromisso com "o século". Quanto aos saduceus, que eram pessoas eminentes muito próximas do Templo de Jerusalém e da sua classe sacerdotal, eles eram conservadores em todos os campos.

Dentre os outros grupos, ainda é necessário mencionar os zelotes e os sicários, especialmente caracterizados pela sua preocupação política e militar de ver (e fazer) cessar a ocupação romana, e os terapeutas, mais marcados por uma exigência espiritual e até mesmo ascética.

Jesus pertencia a um desses movimentos?

Situado neste contexto, Jesus aparece claramente mais próximo dos escribas, esses especialistas dos documentos

10 Designada em hebraico como a Torá, esta palavra remete, primeiro, entre os judeus, aos cinco primeiros livros da Bíblia. Estes contêm os Dez Mandamentos (ou Decálogo) e as outras prescrições e regras cuja observação, e apenas ela, permitirá entrar na "Aliança" de vida e salvação que são narradas por esses mesmos livros através dos acontecimentos fundadores (da criação do mundo ao retorno à terra prometida, através da libertação - através do "Êxodo" - de um cativeiro de vários séculos no Egito).

administrativos e mesmo dos rabinos de obediência farisaica, do que dos notáveis sacerdotais de espírito saduceu ou dos puristas essênios. Já dissemos em outro momento que, ao menos no início da sua vida pública, Ele se aproximou da corrente batista, no momento em que, às margens do Rio Jordão, um certo João Batista dava o tom aos seus adeptos. Este João postulava uma conversão selada com um batizado que se apresentava como um mergulho simbólico nas águas do Jordão marcando a decisão de mudar de vida e de renascer para colocar-se à disposição da iminente vinda dos "últimos tempos"[11]. Aliás, logo veremos Jesus, após o seu próprio batizado, realizado por João, e que será imediatamente seguido por um breve "retiro no deserto", dar início a uma prédica que o situa muito claramente na linha geral do movimento batista. De muitas maneiras, esta atitude está próxima em espírito da preocupação farisaica em observar cuidadosamente a Lei mosaica.

Existiam muitos pregadores como Jesus na sua época na Palestina?

Agora que esclarecemos sobre o contexto judeu no qual vivia Jesus, nós temos, de fato, fundamento para valorizar de imediato o aspecto de pregador do "Nazareno" (em um sentido mais amplo do termo, poderíamos falar "rabino") – ao invés de valorizarmos, por exemplo, o aspecto do agitador social ou reformador religioso, que por vezes é o aspecto que tentaram conservar a seu respeito. E isso mesmo se a inspiração propriamente espiritual da sua palavra pudesse permanecer sem incidência tanto no plano dos funcionamentos sociopolíticos quanto no das práticas religiosas e culturais.

11 Cf. o último capítulo desta obra.

É preciso, primeiro, levar em conta um dado muito característico da situação religiosa da Palestina do século I da nossa era: era um período rico em pregadores. Como dá testemunho Flávio Josefo em sua obra *Antiguidades dos judeus contra apion* (8,37-42), entre os escribas prevalecia, então, a opinião de que, desde Zacarias e Malaquias, os últimos profetas do nosso atual Antigo Testamento, a era da profecia já tinha indiscutivelmente terminado em Israel: "Estando os céus (desde então) fechados", eles só podiam se reportar aos textos antigos da Torá e aos oráculos dos profetas doravante fixados por escrito, para escrutiná-los infinitamente e comentá-los ao seu bel-prazer. Dito de outra maneira, a era da palavra viva tinha sucedido a era dos comentários e dos debates, até mesmo das argúcias. De fato, lembremos que em Israel o profeta é, etimologicamente, "aquele que fala no lugar/em nome de Deus".

Ora, eis que não apenas João Batista, mas muitos outros "profetas" à sua volta, começaram a tomar novamente a palavra em nome de Deus! Todavia, segundo a fé de Israel, essa retomada da palavra divina significava a "reabertura dos céus". Essa fórmula traduzia a ideia de que Deus tinha decidido restabelecer a comunicação entre Ele e o mundo – o que levava ao advento dos "últimos tempos", e, portanto, à revelação "final" ou "apocalíptica" (*apocalypsis* é a palavra grega para dizer "revelação").

Que Jesus tenha ido se fazer batizar por João, que precisamente tinha se inscrito neste amplo movimento, traduzia nele a intenção de colocar sua própria atividade iniciante neste mesmo quadro – ao lado, portanto, de muitos outros pretendentes à pregação ou à profecia. Mas isso trazia para Ele a necessidade de se situar com relação aos outros – ou seja, concretamente, distanciar-se! Ora, é exatamente isso que aparecerá pouco depois: o relato evangélico não deixa de fazer eco à denúncia, feita por Jesus, dos "falsos profetas" (e mesmo dos "falsos messias") em torno dele.

Como e em que a manifestação de apoio demonstrada por Jesus a João Batista pôde expressar uma vontade de demarcação e distanciamento da sua parte?

Sejamos claros: o ato batismal proposto por João e o método de conversão que ele autentificava significavam que a simples fidelidade à tradição e a simples observação das prescrições da Lei permaneciam insuficientes. Neste contexto, a ligação a João, que traduzia a iniciativa batismal de Jesus, levava, portanto, de sua parte, a uma primeira demarcação. Demarcação para com todos os outros pregadores do momento que só repisavam os oráculos de ontem e repetiam à saciedade as prescrições das quais eles eram os portadores.

Mas o distanciamento que será cada vez mais operado por Jesus logo chegará ao próprio João, tendo em vista que, após seu breve tempo passado no deserto, o homem de Nazaré se desligará totalmente do Batista e dos seus adeptos para fundar seu próprio grupo de discípulos. De resto, se Ele algum dia o fez – o que não pode ser tido como certo –, logo, Jesus não batizará mais. Portanto, é finalmente uma mensagem completamente diferente da de João que caracterizará, a partir de então, o personagem e o papel daquele que, de início, só tinha efetivamente aparecido como um pregador anunciando a chegada dos últimos tempos, dentre tantos outros da sua época.

Sempre do ponto de vista histórico, o que podemos saber relativo ao próprio fato e às circunstâncias da morte de Jesus?

Contrariamente àquilo que diz o Corão – sinal evidente e maior da grande consideração que este tem por aquele que é chamado de "Issa"![12] – Jesus evidentemente morreu, pois Ele realmente existiu, foi visto, ouvido e seguido como um homem dentre os homens. Vários testemunhos não cristãos já evocados a respeito da sua existência, Tácito e Josefo, por exemplo, atestam expressamente sua morte e até mesmo sua execução.

Duas questões colocam-se então: Por que e como Jesus morreu?

A primeira questão a ser levada em conta refere-se ao espinhoso, conflituoso e sempre recorrente problema dos responsáveis pela morte de Jesus. Sabemos que esta morte foi frequentemente e longamente imputada aos próprios judeus, ao ponto que, inclusive na liturgia cristã da Sexta-feira Santa, eles terem globalmente permanecido, até época recente, com a designação de um/o "povo deicida".

Há pelo menos três razões que nos obrigam a opor a esta acusação uma negação formal. Primeiro, não podemos acusar um povo inteiro, nem no plano dos acontecimentos em si e mais ainda tendo em vista os vinte séculos que nos separam do ocorrido! Apenas os grandes sacerdotes puderam ser implicados no caso: os escribas mencionados pelo relato evangélico ocuparam pouco espaço neste assunto e, em todo caso, os gritos da população, que são frequentemente menciona-

12 Issa ou Issa ibn Mayriam é a transcrição árabe do nome de Jesus no Corão, considerado pelo Islã como um dos seus profetas. O nome Issa é utilizado por alguns árabes cristãos [N.T.].

dos, parecem mostrar mais os excessos de uma multidão excitada do que a expressão racional de um posicionamento responsável. Segunda consideração: não devemos perder de vista que tudo aquilo que é relativo ao conjunto das opiniões e atitudes para com Jesus é relacionado aos judeus, pois, segundo as evidências, não havia ainda cristãos separados do judaísmo. Enfim e sobretudo sem dúvida, devemos dar lugar à responsabilidade pessoal de Jesus em sua própria condenação. Nós voltaremos ao assunto[13], mas é realmente o seu próprio comportamento para com o judaísmo da sua época, especialmente no lugar do Templo, tendo como agravante o risco eventual de perturbações sociais ou mesmo sociopolíticas, que desencadeou em torno dele os posicionamentos antagônicos que acabariam por conduzir à sua execução.

Da parte dos grandes sacerdotes e do Sanedrin (o tribunal superior dos judeus, do qual o sumo sacerdote era membro), nós não podemos negar toda a implicação judaica, mas esta não tomou a forma de um processo, contrariamente à opinião mantida durante longo tempo. Tratou-se mais de uma denúncia junto aos representantes do poder romano, que a partir de então foram os únicos a conduzir, a respeito de Jesus, aquilo que nós podemos estimar ser um procedimento de condenação.

A denúncia diante da instância política, feita pelos chefes da nação judia, era duplamente hábil. De um lado, ela demonstrava sua vontade de não sair da incapacidade jurídica, onde eles estavam colocados devido à ocupação romana, para validar uma decisão da justiça. Por outro lado, ela colocava em evidência as perturbações no plano social e político

13 Nós o faremos, em particular, nas p. 47 e 51.

que poderiam ser engendrados pelos comportamentos e posicionamentos de Jesus. Resumindo, se houve prisão, processo e condenação, isso só se deve formalmente ao fato do poder romano de ocupação.

E podemos ter certeza que Jesus morreu na cruz? É um suplício terrível!

Passando da questão do "porquê" à do "como", podemos dizer o seguinte: já que a condenação foi romana, sua execução também o foi. No lugar de ser condenado ao apedrejamento, como teria sido feito dentro da tradição judaica, foi decidida, segundo o costume romano, a crucifixão. Este suplício, de fato terrível e especialmente infame, onde após sofrimentos atrozes a vítima morre asfixiada e que era, em princípio, reservado aos culpados de alta traição contra o Estado, era, de fato, amplamente aplicado na época a todos as espécies de "desviados".

O próprio condenado carregava o *patibulum*, uma trave de madeira que era, em seguida, fixada horizontalmente a um poste fincado na terra. Às suas duas extremidades eram pregados os antebraços dos infelizes, e seus corpos eram erguidos de maneira que, segundo expressão recebida, eles se encontrassem "pendurados no cadafalso" e expostos às vistas e ao deboche de todos.

Antes deste momento, o condenado circulava através da cidade, carregando o instrumento do seu suplício – ilustração viva daquilo a que se expunham todos aqueles, numerosos naquela época, cuja palavra e comportamento fomentavam a desordem ou fossem suspeitos de fazê-lo.

As buscas arqueológicas recentes forneceram elementos confiáveis relativos ao lugar do julgamento conduzido por Pilatos – o pretório já evocado –, o itinerário seguido por Jesus através da cidade (aquilo que chamamos tradicionalmente de seu "caminho da cruz") e, para terminar, o próprio lugar da crucifixão (o Gólgota, palavra originária do aramaico que significa "crânio", em referência ao formato do rochedo sobre o qual aconteceu, fora dos limites da cidade, a crucifixão). Ao que parece, dois "bandidos" (Mc 15,27) foram crucificados com Jesus, um de cada lado (seus braços tinham sido amarrados aos seus *patibulum*, enquanto os antebraços de Jesus tinham sido pregados sobre sua própria cruz). Tendo encontrado a parte de baixo das pernas de um crucificado do século I, uma recente descoberta arqueológica nos ensinou que os pés destes supliciados eram fixados por um único e mesmo prego que atravessava seus dois calcanhos na altura dos ossos que formam a saliência dos calcanhares, colocados um sobre o outro.

Com poucas exceções – João e algumas mulheres que amparavam sua mãe – Jesus morreu abandonado por seus discípulos. Ainda segundo o costume romano, um golpe de lança lhe atravessou o coração – de onde saiu "sangue e água" (Jo 19,33-34) – sem que fosse necessário quebrar suas pernas para ter certeza da sua morte. Em seguida, Ele foi rapidamente deposto da sua cruz para, em suma, dar aquilo por encerrado antes da grande celebração da Páscoa, essencial no judaísmo, que estava prestes a começar[14]. Uma tradição à qual faz eco o Evangelista Marcos, e que parece estar bem fundamentada, nos relata que o corpo de Jesus foi

---

14 Essa celebração era e continua sendo a comemoração anual da libertação do cativeiro do povo no Egito (o Êxodo) pela travessia do Mar Vermelho, sob a liderança de Moisés. Segundo Jo 18,28; 19,14, o rito pascal judeu foi celebrado naquele ano na noite seguinte à morte de Jesus.

deposto em um túmulo novo colocado à disposição por uma pessoa ilustre, que podemos dizer que era ao mesmo tempo um simpatizante e um homem generoso, chamado José de Arimateia (15,43-46).

Tudo levava a crer que, uma vez tendo rolado a pedra destinada a fechar o túmulo recentemente escavado na rocha, tinha sido cumprido o destino "deste Nazareno dentre outros" que, como observou Mauriac, pouco diferia, ao menos no plano físico, do conjunto de seus semelhantes, pois Judas tivera que dar um sinal para permitir que a soldadesca que tinha vindo capturá-lo pudesse identificá-lo. Para que eles pudessem reconhecê-lo na penumbra no Jardim das Oliveiras, o traidor indicara: será "aquele que eu beijar"! (Mt 26,48).

2
MENSAGEM

Se Jesus era um pregador itinerante dentre diversos outros na Palestina, podemos dizer que Ele marcou seu tempo e a posteridade por ser um sábio, um mestre da sabedoria, uma espécie de Dalai-Lama cristão?

O Dalai-Lama que hoje em dia percorre o mundo representa uma bela figura da humanidade cujos ensinamentos falam a muitos de nossos contemporâneos. No entanto, eu acho um pouco surpreendente o fato do grande chefe espiritual ser evocado aqui. Para começar, temos vinte séculos de distância entre o homem de Nazaré e o chefe atual dos tibetanos... Ora, muitas mudanças aconteceram nesse meio-tempo! Em seguida, a atividade de Jesus jamais se desdobrou no campo político. Ele não teve a menor necessidade de se comprometer politicamente, enquanto, pelo contrário, o excelso responsável religioso asiático estima ter que fazê-lo neste início da segunda década do nosso século XXI. Enfim, por que, para compreender a figura deste Jesus que – como podemos reconhecer, quer acreditemos ou não – deixou tantas marcas até hoje na história do nosso Ocidente, nos referirmos a um personagem quase desconhecido, pelo menos em nosso espaço cultural, a menos de um quarto de século atrás?

Todavia, nos dois casos, não se trata de sábios e até mesmo de mestres da sabedoria?

O *Jesus Seminar*, essa corrente recente de pesquisa americana já evocada, sustentou e salientou de maneira insistente o fato de que "Jesus foi integralmente um sábio" e que numerosos traços que parecem impedir de reduzi-lo a isso foram, na realidade, introduzidos na trama evangélica pelos seus discípulos. Tendo como base principalmente o Evangelho apócrifo de Tomé, já evocado, J.D. Cronan – que é aqui considerado um líder – defendeu a tese segundo a qual Jesus era um "camponês galileu" que certamente se manifestou como um pregador, mas cuja mensagem, no fundo, não se distanciava em nada da escola filosófica dos cínicos gregos (Antístenes, Diógenes etc.), nascidos quatro séculos mais cedo. Um certo número de "sentenças" atribuídas a Jesus forneceriam a prova para essa afirmação, tais como: "Dai a César aquilo que é de César" (Mt 22,21; Mc 12,17; Lc 20,25) e "Pois que aproveita ao homem ganhar o mundo inteiro, se vem a perder-se a si mesmo e se causa a sua própria ruína?" (Lc 9,25). A ideia subjacente é que os hábitos, as convenções e as ideias recebidas não têm valor, que é preciso denunciar a corrida pela riqueza, pelo poder, pelas honrarias e até mesmo pela saúde e que o essencial é buscar apenas aquilo que é realmente necessário, esforçando-se para cultivar uma sábia virtude.

É claro que não podemos negar que um certo número de ditos de Jesus é de uma rara e preciosa sabedoria humana. Várias frases o demonstram de maneira inequívoca. De um lado, este pregador não para de chamar a atenção para os outros e para a compaixão, até mesmo demonstrando total disponibilidade para com eles; mas Ele também convida a cultivarmos a serenidade pessoal e a eliminação sistemática dos problemas, grandes e pequenos. Ele pede ao mesmo tempo que nos preocupemos com o "único necessário"[15] (Lc 10,41) e que não negligenciemos as realidades do quotidiano; que nos concentremos no aqui e agora, mas sem perder de vista nem a incerteza que pesa sobre o amanhã, nem a grave ameaça que pode desde já obliterar o presente (Lc 12,20). E se Ele ensina que devemos respeitar a tradição dos antigos e honrar as prescrições da Lei, nem por isso deixa de privilegiar a intenção direita e a decisão livre sobre a simples observância literal dos mandamentos e, de maneira ainda mais contundente, sobre a conformidade puramente exterior do comportamento àquilo que eles prescrevem.

Os escritos evangélicos são assim inteiramente tecidos de curtas instruções dadas ou de simples exemplos apresentados por Jesus. E encontramos a mesma tonalidade espiritual em diversas narrativas e discursos evangélicos mais desenvolvidos, que correspondem sobretudo às elaborações posteriores que se devem às comunidades dedicadas a rememorar o seu mestre ou até mesmo às intervenções dos redatores finais que organizaram seus propósitos de maneira a fazer surgir toda a inteligibilidade e toda a coerência.

---

15 A expressão é utilizada por Jesus quando duas irmãs o recebem para uma refeição. Uma irmã, Maria, "sentada a seus pés, escutava suas palavras", enquanto a outra, Marta, "estava absorta pelas múltiplas ocupações do serviço". É quando esta última protesta – "Não lhe incomoda que minha irmã me deixe cuidar de tudo sozinha" – que Jesus declara: "Marta, Marta, tu te inquietas e te agitas por muitas coisas; no entanto, uma única é necessária!"

Podemos concluir este assunto colocando em evidência dois traços mais característicos. De um lado, tudo aquilo que Jesus pôde ensinar em matéria de sabedoria humana é relatado tendo em vista a ideia de que, em qualquer hipótese, e quaisquer que sejam seu *status* e seu estado, cada ser humano está nas mãos de um Deus-*Providência*, ou seja, que cuida de todos e ao qual devemos, enfim – sabedoria suprema –, nos confiarmos sem temor. Por outro lado, essa sabedoria não é de maneira alguma proposta a uma elite do pensamento ou do poder: ela dirige-se a *todos*, pequenos e grandes deste mundo. Podemos até mesmo dizer que aqueles que ela privilegia não são "os sábios e os poderosos", mas "os pobres e os pequenos". Dessa maneira, ela se distancia radicalmente da frequentemente fácil demais e muitas vezes contestável "sabedoria do mundo", aquela que sempre coloca em evidência apenas a busca pelo sucesso, mesmo quando ela exige que utilizemos os meios da dominação, até mesmo do esmagamento do outro, por quem também devem ser banidos o sentido do serviço e do comprometimento, assim como a generosidade e a disponibilidade.

Como Jesus ensinava esta sabedoria?

Jesus frequentemente recorreu ao gênero literário da *parábola*, no qual, aliás, podemos ver um sinal evidente da sua vontade de dirigir-se ao público mais amplo e mais popular. O estilo das parábolas, amplamente cultivado na literatura rabínica do século I, apresenta-se primeiro como um procedimento pedagógico que utiliza uma ou várias comparações destinadas a fazer compreender um ensinamento mais delicado ou mais exigente. Um único exemplo, o da ovelha desgarrada e encontrada (Mt 18,12-14): "Que vos parece? Um homem possui cem ovelhas: uma delas se desgarra. Ele não deixa as 99 na montanha para ir buscar aquela que se desgarrou? E se a encontra, sente mais júbilo do que pelas noventa e nove que não se desgarraram. Assim é a vontade de vosso Pai celeste, que não se perca um só destes pequeninos".

Se temos o costume de considerar que na alegoria são os detalhes do relato que trazem o significado, enquanto a parábola fala, pelo contrário, através do conjunto da narrativa ou do discurso que ela emprega, é preciso reconhecer que, sobretudo no Evangelho de João, diversas parábolas evangélicas são indiscutivelmente alegóricas. Podemos citar aqui, entre muitas outras, as parábolas sinóticas do semeador (Mc 4,13-20), do bom samaritano (Lc 10,25-37) e do banquete (Mt 22,1-14), e as parábolas encontradas em João, mais alegóricas, do pastor e da porta (Jo 10,1ss.) e da vinha (Jo 15,1ss.).

Isso posto, ao observarmos mais de perto, percebemos rapidamente que o recurso privilegiado de Jesus ao gênero das parábolas lhe permite mostrar que a sua mensagem:

- Pode ser acessível a um maior número porque ela começa a tornar-se inteligível se a escutarmos e acolhermos *a partir* das condições de vida e de experiência mais humanas e até mesmo mais quotidianas.
- Ela está muito longe de anunciar grandes catástrofes ou suntuosas apoteoses.
- Ela se apresentava sob uma aparência modesta; consequentemente, ela pode encontrar a indiferença, até mesmo suscitar o escárnio.
- Ela é, no entanto, portadora de uma dinâmica poderosa, capaz de operar maravilhas tanto em cada coração humano quanto em escala mundial, como o grão de mostarda "que um homem toma e semeia em seu campo. É esta a

menor de todas as sementes, mas, quando cresce, torna-se um arbusto maior que todas as hortaliças, de sorte que os pássaros vêm aninhar-se em seus ramos (Mt 13,31-32).

Mas o que Jesus pregava exatamente? Ele tinha uma mensagem a ser transmitida?

Sem que seja possível nem necessário sistematizar seus ditos e posicionamentos como se se tratasse de cursos magistrais ou de lições doutorais, convém esclarecer o conteúdo essencial e os pontos mais veementes daquilo que bem podemos chamar de sua mensagem.

É passado o tempo onde eram colocados em oposição, quase sistematicamente, um judaísmo "legalista, rígido, tortuoso, deicida" (D. Marguerat) e um Jesus que critica vigorosamente as obsessões tacanhas e as argúcias limitadas que teriam particularmente marcado seus interlocutores farisaicos, Ele mesmo colocando-se, pelo contrário, como o campeão de uma religião do coração contra a Lei e do espírito contra a letra.

De um lado, de fato, a pesquisa sobre o judaísmo da época fez surgir entre os fariseus debates e comportamentos manifestamente mais abertos do que tínhamos longo tempo acreditado ser possível. E, por outro lado, a integração de Jesus às convicções e às práticas do seu meio judeu parece, hoje em dia, ter sido demonstrada, por exemplo, por um número importante de instruções creditadas a Ele por esta espécie de discurso-programa que chamamos de Sermão da Montanha[16] que pode, na realidade, encontrar um correspondente ao menos parcial na grande compilação (mais tardia) da tradição

16 Ou "Discurso evangélico": Mt 5,1-7,28; cf. Lc 6,20-49. A intenção de Mateus é a de mostrar Jesus como o novo Moisés que traz a "nova Lei", carta do "Reino", cuja vinda Ele anuncia.

judaica antiga chamada Talmude. E tampouco poderíamos negligenciar o fato de que o texto evangélico atual, apesar de preocupado em apresentar Jesus como uma figura à parte, nem por isso deixa de lhe imputar essas palavras onde Ele declara ter vindo "não para abolir, mas para cumprir" e que mesmo "o menor traço (ou "iota", ou seja, "i") da Lei" não será negligenciado (Mt 5,18).

Apesar de um período de sucesso na opinião pública, Jesus mesmo assim se viu rejeitado e condenado, como já mencionamos. É bom que o tenhamos percebido em descompasso, e em descompasso perturbador e perigoso, para com o seu meio de origem e de vida.

Sobre quais pontos precisos expressou-se a diferença da mensagem de Jesus? A que exatamente se deve a singularidade da sua mensagem?

O fator decisivo foi a radicalidade e a urgência do seu apelo. O que Jesus prega e anuncia, o conteúdo principal e central do seu ensinamento, é a vinda do "Reino de Deus", ou seja, a intervenção iminente do próprio Deus, para o julgamento do mundo e em benefício de todo seu povo e de cada um dos seus membros. Não é mais o tempo de tergiversar, nem de criar polêmicas, nem de se perder nas argúcias incessantes, nem mesmo de permanecer na única preocupação da "estrita observação" dos mandamentos da Lei, nem de se comprazer das exclusões mútuas, ensina Ele. As prescrições da Torá dirigem-se ao coração daquele que está pronto para colocá-las em prática, para convidá-lo a acolher aquilo que apenas Deus pode dar: Ele dá a saber que Deus está pronto para gratificar aquele que, justamente, escolheu abrir-se à sua vinda.

Se, portanto, estamos falando de Deus e de um acesso a Ele que só pode se tornar possível pela sua graça[17], vemos claramente que a mensagem de Jesus diz respeito, antes de tudo, ao próprio *Deus*, mas que Ele leva imediatamente as instruções para o *homem* e para a concepção que cada um pode se dar sobre sua existência.

Como se apresenta mais precisamente o conteúdo essencial da mensagem pregada por Jesus?

No final das contas, existe um Deus "vivo e verdadeiro", a quem podemos nos dirigir como a um pai. Este Deus é ao mesmo tempo o criador de tudo aquilo que existe e a Providência que vela sobre todos seus filhos, a começar pelos mais "necessitados" dentre eles. Consequência imediata: aqueles que creem neste Deus são chamados a amar "em verdade" cada um "daqueles que são seus irmãos", seguindo o exemplo daquele que "faz nascer o sol tanto sobre os maus como sobre os bons" (Mt 5,45) e que chega até mesmo a "alimentar os filhotes dos pássaros". Não há outro meio de mostrar-se como "filhos dignos do Pai que está nos céus" a não ser amar também todos os homens, que são seus filhos.

Segundo conteúdo essencial e que subentende também todo o anúncio de Jesus: a vida humana é chamada a atravessar a morte. Pois se o Deus vivo e verdadeiro é realmente "o Deus de Abraão, de Isaac e de Jacó", é preciso compreender, como Pascal e tantos outros que vieram antes e depois dele,

---

17 Para captarmos o sentido desta palavra essencial do vocabulário bíblico-cristão basta nos reportarmos à expressão de uso corrente: "é graças a ti que eu..." Quem não compreende aqui que este "eu" tem consciência de que ele jamais teria saído sozinho do mau passo onde se encontrava e que ele, portanto, é "teu" devedor por ter visto se abrir, contudo, uma saída?

que se trata ao mesmo tempo de "um Deus dos vivos e não dos mortos" (Mc 12,27; Mt 22,32). Aqui também temos uma consequência imediata: não apenas a esperança de uma ressurreição dentre os mortos está aberta aos homens, mas cada um deve, a partir de hoje, levar isso em conta na conduta da sua existência. Será necessário, portanto, converter-se para orientar verdadeiramente sua vida a este essencial, ao "único necessário", já evocado, de Lc 10,42. Nosso futuro pode ser efetivamente diferente do que o da "erva dos campos, que hoje cresce e amanhã será lançada ao fogo" (Mt 6,30). Cabe a nós tirar as conclusões!

Amor pelos outros de um lado, esperança em Deus do outro: a pregação de Jesus pede para adotarmos essas duas atitudes fundamentais que nos levam a perguntar *em nome de quem* Ele pode dar a esta pregação um teor tão preciso e, sobretudo, formulado, como diz Mc 1,22, "com autoridade". Somos levados, ao mesmo tempo, a nos interrogarmos sobre o que poderia sustentar e garantir a confiança que somos assim convidados a lhe fazer. Dito de outra maneira: a questão de uma terceira atitude fundamental já desponta com pertinácia: a da fé que podemos depositar neste Jesus cujo essencial da mensagem convida ao amor pelos outros e à esperança em Deus.

Antes de abordarmos a questão da fé, poderíamos continuar a explorar o alcance da mensagem de Jesus? Ele tirou daí uma moral? Foi sua mensagem que fundou a religião cristã?

Nós acabamos de falar do que pôde ser, com relação ao essencial, a "doutrina" de Jesus. Segundo um esquema, ao mesmo tempo simples e habitual, poderíamos logo buscar explicitar a "moral" que Ele tirou daí (e que já começou a esboçar aquilo que precede!). Notamos, contudo, a respeito do pregador e do "sábio" que Ele foi, que a reflexão deve aceitar se mostrar mais sutil. De fato, com relação àquilo que a doutrina de Jesus comporta ou conduz, percebemos rapidamente que é pertinente fazer a distinção entre religião, moral e espiritualidade – e que em todos esses campos Ele enfatiza de maneira muito particular, que indiscutivelmente aparece como sua marca registrada.

Como a religião, até um certo ponto, pede para nos posicionarmos com relação a Deus e onde é fundamentalmente em face dele que Jesus convida seu interlocutor a se situar, parece indicado começarmos examinando do que trata a religião de Jesus.

Sua religião remete, sem dúvida, ao Deus dos seus pais, ou seja, ao Deus de Abraão, de Isaac e de Jacó, de Moisés, dos profetas e dos cento e cinquenta salmos ditos de Davi – tudo isso através das Sagradas Escrituras do Antigo Testamento, já consignadas na sua época e cuja leitura Ele podia ouvir (e na época fazer) na sinagoga. Mas se o culto que devemos render a este Deus é chamado a se expressar através de uma atitude de oração e veneração, pelas devoções, oferendas e até mesmo sacrifícios, como pedia a religião do seu povo, Jesus insiste e ressalta, seguindo a linhagem da grande tradição profética de Israel, que isso não dispensa uma caminhada *interna* de uma adoração verdadeira; pelo contrário, ela é requerida e só faz sentido se for para expressá-la.

Já que o Templo, que a fé judaica acreditava ser o único lugar do mundo inteiro onde Deus reside verdadeiramente, tornou-se o lugar de um tráfico e de um bricabraque que não têm mais grande coisa a ver com a oração, Jesus vai denunciar essas práticas, assim como seus responsáveis, jogando por terra os balcões dos famosos "mercadores do Templo" e as mesas dos cambistas instalados no lugar (Mc 11,15). Isso vai lhe valer a hostilidade definitiva dos meios sacerdotais, de toda maneira pouco inclinados à simpatia para com este impostor que não era nem sacerdote nem escriba; portanto, nada oficial parecia recomendá-lo. Em suma, longe de fazê-lo parecer um "funcionário do sagrado", o comportamento e o ensinamento de Jesus em matéria de religião traduzem nele a forte convicção que João expressará nos seguintes termos: "Os verdadeiros adoradores adorarão o Pai em espírito e em verdade" (4,23).

Passemos à moral de Jesus. Nós a resumimos a um único conselho: "Amarás teu próximo como a ti mesmo". Isso tem fundamento?

A passagem da religião à moral é fácil. Podemos dizer que, segundo Jesus, essa última culmina no vínculo que Ele radicalmente estabeleceu entre a causa de Deus e a do homem, de todo homem. Os enunciados evangélicos que fazem transparecer este sentido são numerosos, mesmo que não tenhamos totalmente certeza de que, como tais, todos remontem a Jesus. "Nem todo aquele que me diz: 'Senhor, Senhor', entrará no Reino dos Céus, mas sim aquele que faz a vontade de meu Pai que está nos céus" (Mt 7,21). Como podes pretender amar o Deus "que ninguém jamais viu" (Jo 1,18; cf. 1Jo 4,12), se não amas o teu próprio irmão, que é o teu filho e que tu podes ver?, pergunta Jesus. "É a misericórdia que eu quero e não os sacrifícios" já declaravam os grandes profetas de Israel – o que estabelece, aliás, um vínculo ao mesmo tempo evidente e estreito com aquilo que acabamos de descobrir sobre a religião de Jesus. E esta misericórdia deve ir antes de tudo àqueles que estão mais abandonados: os enfermos e os excluídos declarados impuros, as mulheres (mesmo aquelas ditas de "má vida") e as crianças, sempre!

Nem por isso Jesus negligencia os princípios da Lei judaica, da Torá. Pelo contrário, Ele retoma frequentemente um certo número delas. Mas sua preocupação é a de incessantemente denunciar o legalismo, o conformismo e a casuística. Ao perguntar significativamente a Jesus, com o intuito de embaraçá-lo, "qual é o maior mandamento", o fariseu de Mt 22,36 lhe coloca uma questão que é uma armadilha, pois supervalorizar um mandamento em detrimento de todos os outros faria com que todos fossem desvalorizados. Jesus aproveita a ocasião desta interrogação para propor uma chave de compreensão de *toda* a lei moral: ela só pode, em qualquer hipótese, ser uma maneira de praticar o amor. Um amor que diz respeito à unidade: *e* Deus *e* o próximo, pois se o primeiro mandamento é "amar a Deus de todo seu coração, de toda sua alma e de todo seu espírito", o segundo lhe é "semelhante", a ponto de não poder ser dissociado: "Tu amarás teu próximo como a ti mesmo" (Mt 22,39). Finalmente, o problema não é saber "quem é o meu próximo", mas determinar de quem "*eu me farei* próximo" (Lc 10,36), dentre todos os homens em que Deus resolveu tornar-se Ele próprio próximo, sem nenhuma exclusividade. Devemos indicar que este outro pode muito bem ser o "próximo" cujos hábitos, desatenção e tantas outras coisas puderam fazer com que eu perfeitamente me "distanciasse", que eu me "afastasse" consideravelmente.

Por que o senhor chamou a atenção para um terceiro aspecto da mensagem de Jesus: a espiritualidade? Em que ela se distingue da religião?

Resta, de fato, após a religião e a moral, aquilo que chamamos de espiritualidade. Mas aquilo que evocamos anteriormente já desentulhou suficientemente a via para que neste campo também a resposta seja sem equívoco. A espiritualidade, a vida espiritual, a vida "segundo o Espírito" (e não segundo a letra, ou seja, sem compromisso pessoal) não remete a uma *outra* vida além da existência neste mundo e neste tempo do mundo. Pois se a "vida eterna" existe e pode existir, é a partir de hoje, segundo Jesus, que ela é vivida. A "pureza" e a "santidade" requeridas não nos chamam a nos retirarmos do mundo, mas a vivermos no coração do mundo dos homens segundo o Espírito de amor que é capaz de "renovar a face da terra" renovando primeiro "o coração do homem".

Uma formulação posterior do quarto Evangelho, mas fiel à inspiração de Jesus, é aqui esclarecedora: seus discípulos são convidados a fazer cuidadosamente a distinção entre "estar no mundo" e "ser do mundo". *Estar no* mundo impõe-se primeiro como uma obviedade (onde mais os cristãos poderiam viver?) e decorre diretamente da sua fé em um Deus "que tanto amou o mundo que Ele lhe deu seu próprio filho" (Jo 3,16). *Ser do* mundo, por outro lado, seria estar em busca do sucesso imediato e do êxito superficial, do lucro máximo e do interesse egoísta.

E não será amanhã ou mais tarde que deveremos nos dedicar a isto, pois "nesta noite ainda exigirão de ti a tua alma"! (Lc 12,20). É significativo que os enunciados deste "mapa do Reino" que é o pano de fundo do Sermão da Montanha, já evocado, e no qual a geração posterior a Jesus acreditou poder resumir toda sua "espiritualidade", apresentem-se não como mandamentos, mas como "Beatitudes", dentre as quais essa é a penúltima: "Bem-aventurados os artesãos da paz; eles serão chamados filhos de Deus" (Mt 5,9). Os propósitos inaugurais do Sermão da Montanha em Mt 5,1ss. não convidam apenas a viver segundo certas exigências, mas, sobretudo, a acolher a felicidade que pode daí resultar entre aqueles que as colocam em prática.

O que sabemos da atividade de Jesus? O que Ele fez exatamente? Como Ele se comportava?

Tudo nos leva a pensar que Jesus tenha colocado seu próprio agir em conformidade com o que Ele não temia ensinar os outros a fazer. Tendo em vista que suas palavras convidavam a ter *confiança* no presente, a manter a *esperança* no futuro e a privilegiar em todas as coisas o *amor*, Ele não poderia deixar de se esforçar para fazer com que seu comportamento trouxesse efetivamente um esclarecimento sobre todos esses pontos, até mesmo um exemplo para todos aqueles que pudessem vir até Ele, conviver com Ele e segui-lo. Uma parte do seu sucesso parece depender disso. Não é por acaso que, no Novo Testamento, o Livro dos Atos dos Apóstolos, resumindo em algumas linhas a vida de Jesus no momento em que ela acaba de chegar ao fim, escolhe fazê-lo utilizando a seguinte fórmula: "Ele passou no meio de nós fazendo o bem" (10,38). Essa indicação é, certamente, de um alcance bastante geral. No entanto, ela não é desprovida de interesse na medida em que ela nos mostra Jesus como um ser preocupado com os outros e com o seu "bem" – como um "justo" no seio do seu povo! Mas, além das "boas ações" que Ele pôde realizar e que são, em suma, os feitos de um "homem de bem", devemos ainda destacar aquilo que podemos designar como "comportamentos surpreendentes". Bastará ressaltar alguns dentre os mais historicamente confirmados.

Podemos pensar, primeiro, no lugar dado às crianças. Na Palestina da época elas certamente não eram maltratadas; no entanto, as pessoas estavam longe de tratá-las como Jesus o fez, beijando-as quando tem oportunidade e que, um belo dia, coloca um pequeno no centro do ajuntamento que se formou à sua volta e declara: "Deixai vir a mim os pequeninos e não os impeçais, porque o Reino de Deus é daqueles que se lhes assemelham". "Em verdade vos declaro: se não vos transformardes e vos tornardes como criancinhas, não entrareis no Reino dos Céus" (Mt 18,1-3; Mc 10,13-16). Para com as mulheres, o comportamento de Jesus também é extraordinário: enquanto os rabinos da época não as admitiam no seu meio, Ele aceita que várias dentre elas façam realmente parte do grupo dos discípulos que o "seguem" (Lc 8,2-3). Outra fonte de surpresa, até mesmo de escândalo para os que o rodeiam: Jesus chega a compartilhar uma refeição com os "pecadores e os publicanos"[18] (Mc 2,16). E é sobretudo sua rejeição violenta aos mercadores do Templo que desencadeou a fúria sobre Ele.

Além dos seus comportamentos surpreendentes, também são atribuídos a Jesus alguns milagres... Como isso é possível se Jesus foi um personagem histórico?

Primeiro, é importante ressaltarmos que, em Jesus, as atitudes e os comportamentos surpreendentes que nós aca-

18 Como os "pecadores públicos" (prostitutas e outros), os publicanos, agentes do recebimento dos impostos, eram mantidos afastados, até mesmo rejeitados. Por vezes, cúmplices de certas injustiças, às vezes eles também se comprometiam com o poder do ocupante.

bamos de mencionar nada deviam à simples vontade de ser singular nem ao arrebatamento de um momento: Ele próprio os coloca claramente em relação à sua mensagem. Suas palavras *anunciam* a vinda do Reino e convocam os homens a mudar de comportamento, mas os seus atos já querem marcar o início da *realização* deste Reino entre os homens. Ora, isso ficará ainda mais nitidamente marcado com relação àquilo que, além dos seus comportamentos extraordinários, nós chamamos correntemente de seus "milagres".

Nós já mencionamos que Flávio Josefo apresenta Jesus como um "fazedor de prodígios". Para admitir que Ele de fato foi percebido dessa maneira, nós podemos apresentar ao menos dois tipos de motivos. De um lado, os curadores e outros taumaturgos (ou seja, justamente os "fazedores de prodígios") e os exorcistas (ou seja, os "caçadores de demônios") não eram raros no contexto de uma época especialmente preocupada com a questão da salvação, compreendida antes de tudo como cura e sobrevivência; os cultos aos deuses curadores floresciam em Pérgamo, Delfos e Epidauro, por exemplo. Por outro lado, segundo a opinião corrente, um enviado de Deus sinalizava a autenticidade da sua missão precisamente através dos "sinais e prodígios" que ele realizava. Podemos, portanto, afirmar que Jesus não teria chamado a atenção se Ele próprio não tivesse realizado ao menos alguns milagres e prodígios...

Isto posto, vamos começar separando aquilo que chamamos por vezes de "milagres da natureza", como a caminhada sobre as águas (Mt 14,22ss.), a multiplicação dos pães (Lc 9,12ss.) ou a tempestade apaziguada (Mc 4,35-41; Lc 8,22-25). Diversos exegetas estão de acordo em afirmar que o pano de fundo nos é de difícil acesso hoje em dia. Mas a intenção do relato aqui é menos a de narrar um acontecimento em detalhe do que de relê-lo em função do significado dado ao conjunto da sua vida *após* a morte de Jesus através da fé em sua ressurreição dentre os mortos. Aliás, desde o início da vida pública de Jesus, o relato da tentação no deserto (Mt 4,1ss.) mostra bem que Jesus está determinado a eliminar toda perspectiva de busca de sucesso popular, toda demonstração ostensiva de publicidade ou vedetismo. Logo em seguida, quando Ele teme uma derrapagem nesse sentido, nós o vemos abster-se de "fazer um milagre" (Mc 6,5) ou explicitar que a justa interpretação daquilo que Ele acaba de fazer supõe a rejeição de todo "maravilhoso".

Quando fazemos as contas, podemos até mesmo dizer que, apesar de recensearmos um total de vinte e sete milagres nos quatro evangelhos, isso é relativamente pouco. Jesus jamais se outorgou a tarefa de curar todos os leprosos e paralíticos que pudesse haver em Israel na sua época e jamais temos a impressão de que Ele tivesse querido "aumentar" esse número, não importa qual sentido dermos a esta expressão! Ele começa fazendo apelo à fé e à confiança no momento de agir; Ele sempre teme o equívoco; uma vez que o milagre tenha acontecido, Ele frustra sistematicamente a credulidade e a superstição, e não é raro Ele concluir pedindo o silêncio: curiosa maneira, convenhamos, de se autopromover!

Dois exemplos. Se Jesus aceita curar um paralítico em Cafarnaum, é para que compreendam que ele não veio para libertar magicamente os homens de todos seus sofrimentos físicos, mas para lhes abrir o caminho da libertação espiritual do pecado e do mal que mantém seu coração em estado de servidão (Mc 2,1ss.). E se ele vai ao socorro de um leproso é para dar a entender que o seu contato com este tipo de doente não conduz à sua própria contaminação, mas, muito pelo contrário, à cura daquele que sofre (Mt 8,1-4): inversão significativa! "Tendo Jesus descido da montanha, uma grande multidão o seguiu. Eis que um leproso aproximou-se e prostrou-se diante dele, dizendo: Senhor, se queres, podes curar-me. Jesus estendeu a mão, tocou-o e disse: Eu quero, sê curado. No mesmo instante, a lepra desapareceu. Jesus então lhe disse: Vê que não o digas a ninguém. Vai, porém, mostrar-te ao sacerdote e oferece o dom prescrito por Moisés em testemunho de tua cura".

Em suma, podemos virar e revirar as coisas como quisermos, três pontos estão claros na questão que nos ocupa no momento. De um lado, Jesus certamente exerceu uma atividade de taumaturgo e exorcista – aliás, Ele não era o único na sua época. Por outro lado, desvincula-se radicalmente dos milagres por Ele operados, pois eles não têm o intuito de ser uma maravilhosa reviravolta apenas para a glória do curador e para o sucesso dos seus empreendimentos.

Enfim e sobretudo, seus gestos surpreendentes nos colocam a questão de saber "em nome de quem" ou "por qual autoridade" (Lc 20,2) Ele pôde proceder aqui como o fez. Concretamente, isso quer dizer que nos será necessário ver mais claramente não apenas sobre suas reais intenções, mas igualmente sobre aquilo que o qualificava para intervir desta maneira tão surpreendente. Dito de outra maneira: será necessário ver mais claramente acerca da sua identidade pessoal, assim como dá a entender essa interrogação formulada no quadro de uma discussão sobre sua "autoridade" narrada em Mt 12,28): "Se é pelo Espírito de Deus que *eu* expulso os demônios, então chegou para vós o Reino de Deus".

O que o senhor disse a respeito das palavras e dos atos de Jesus nos dá uma certa ideia sobre a sua "maneira de ser homem". Podemos dizer mais sobre o tipo de homem que Ele era, sobre a sua personalidade e até mesmo sobre sua aparência física, sobre a atitude que Ele exalava?

Vamos esclarecer logo esse último ponto: não sabemos nada sobre o aspecto físico de Jesus. Qual era a sua altura e sua corpulência, se Ele usava barba e qual era a cor dos seus olhos: com relação a tudo isso, devemos aceitar fazer o luto pela nossa falta de informação.

Em contrapartida, sobre seu perfil psicológico, nos é perfeitamente possível compilar um certo número de indicações precisas que nos permitem ter uma representação bastante clara. Para começar, podemos pôr em relevo os traços de uma verdadeira humanidade. Ele foi uma criancinha "envolta em faixas" (Lc 2,12); Ele "ia crescendo e se fortificava; estava cheio de sabedoria e a graça de Deus repousava nele" (Lc 1,80; 2,40), em uma relação assumida a uma mãe chamada Maria cujo esposo nós sabemos ser José. E nos é contado que por volta dos seus doze anos Ele causou preocupação aos seus pais por ter se afastado deles durante um dia inteiro, por ocasião de uma peregrinação familiar a Jerusalém (Lc 2,41-50).

Nós sabemos que Ele era cuidadoso e capaz de amizade: podemos citar aqui pelo menos Lázaro e suas duas irmãs, Marta e Maria, em Betânia (Jo 11,5), seu discípulo chamado João e Maria Madalena. Nós o vemos sentir sede e fome e apreciar tanto o comer e o beber a ponto que aqueles que Brassens chamou de "pessoas bem-intencionadas" não temessem denunciá-lo como "um comilão e um beberrão" (Lc

7,34). (Eis aí um outro ponto ao qual se aplica claramente o critério "de diferença" apresentado mais acima.) O relato evangélico nos fala da sua decepção diante da indiferença, e até mesmo hostilidade, que Ele vê se desenvolver entre seus semelhantes para consigo mesmo e mais ainda para com os outros, sobretudo quando estes não têm recursos ou são sofredores, rejeitados ou realmente excluídos.

Mas esses últimos elementos nos fazem passar ao segundo sentido do qualificativo "humano": Jesus não verifica apenas o caráter da "condição humana" em toda a sua verdade, mas se comporta ao mesmo tempo com muita delicadeza e respeito para com os outros homens; manifesta que é preciso tratá-los em tudo como "semelhantes". Não é porque este é samaritano (e, portanto, não judeu) que não seja digno de total consideração (Lc 10,33); não é porque aquele jovem escutou o chamado para seguir Jesus que não mereça que se lhe conserve a estima se ele vier a se desviar do caminho (Mt 19,16-22); não é porque esta mulher leva uma existência pouco recomendável que é preciso rejeitá-la (Lc 7,36ss.; cf. Jo 8,1ss., com a alusão ao apedrejamento); não é porque esta velhinha deposita no Templo apenas uma magra oferenda que estamos autorizados a subestimar a generosidade da qual ela deu prova (Lc 21,1-2). Poderíamos assim multiplicar os traços, reflexões e comportamentos nos quais estão marcadas as evidências não apenas do pertencimento integral de Jesus à condição humana, que é a nossa condição, mas igualmente a motivação que este próprio pertencimento lhe concede para mostrar-se em toda e qualquer circunstância "próximo" daqueles que Ele encontra.

Ele trata imperturbavelmente cada um e cada uma como um ser de *igual dignidade* e, portanto, digno de total respeito – em suma: como um irmão ou uma irmã. E quanto mais esta dignidade, este respeito ou esta fraternidade parecem estar em perigo neles, tanto mais, estima Jesus, é importante testemunhá-las.

Jamais encontramos nele traço algum da menor condescendência por quem quer que seja, nem o menor desprezo. Ele manifesta, pelo contrário, a maior atenção para com os menores "dentre aqueles que são (seus) irmãos", como Ele dirá na grande encenação do "último Julgamento" em Mt 25,31-46. Esta é a maneira pela qual Jesus não apenas é humano, mas se comporta "com humanidade", como dissemos!

Jesus parece ter sido uma personalidade forte, capaz de opor-se ao seu ambiente ou, em todo caso, de desvincular-se e distanciar-se.

De fato. É uma outra característica do seu perfil. Seu comportamento no Templo na idade de doze anos já é revelador: ao mesmo tempo que Ele dá prova de uma real emancipação para com seus pais, manifesta sua aptidão para sustentar um verdadeiro debate com os dignitários do local. E sua relação com João Batista segue a mesma linha: capaz de assumir sua referência ao profeta ao qual vem se apresentar no início da sua vida pública, Jesus faz logo valer sua diferença para com Ele e funda seu próprio grupo independente.

Em seguida, de maneira progressiva, vemos Jesus afirmar-se em palavras e atos diante das resistências, críticas, polêmicas e hostilidades dos diversos grupos e dos diversos dignitários do seu meio, que Ele incomoda ou indispõe. Ele intervém com uma autoridade que impressiona as multidões, incomoda as comunidades... e logo inquieta os responsáveis religiosos e políticos à sua volta. Tendo chegado o momento, Ele resolutamente toma a decisão de "subir a Jerusalém" apesar de saber o risco que está correndo. E quando os fariseus, excedidos pelas suas propostas, "tomados pela fúria" e espumando de raiva contra Ele, querem jogá-lo do alto de uma colina próxima, nos é dito que "Ele, porém, passou por entre eles e retirou-se" (Lc 4,30).

Ele chega a manifestar ironia, por exemplo, durante o seu processo diante de Pilatos e Caifás a quem, longe de parecer desconcertado, Ele revida com uma certa altivez as questões que só poderiam embaraçá-lo. Ele é capaz de raiva, não apenas contra os mercadores do Templo, mas também contra aqueles que "lhe contristam com a dureza de seus corações" e que Ele não teme fuzilar com um olhar enfurecido e indignado (Mc 3,5). Contudo, por outro lado, também chega a mostrar uma sensibilidade extrema e uma verdadeira vulnerabilidade. Sua amizade pode ser fonte de tristeza e de provação, por exemplo, quando o vemos chorar por Lázaro morto (Jo 11,33-35) ou sobre Jerusalém cuja ruína Ele vê chegar (Lc 19,41). Ele mesmo se diz tomado de pavor diante da provação suprema que sente estar próxima; e a Epístola aos Hebreus deve expressar uma profunda verdade quando ela diz que "nos dias da sua vida mortal, dirigiu preces e súplicas, entre clamores e lágrimas, àquele que o podia salvar da morte" (Hb 5,7).

Podemos perceber: quando seguimos com atenção o relato evangélico, podemos recolher diversos detalhes que acabam por dar um retrato relativamente aprofundado de Jesus. Muito distante do "doce sonhador galileu" de um Renan ou do meloso "carpinteiro de grandes olhos doces" um pouco piegas, muito diferente também de um agitador político ou revolucionário, de um justiceiro encarniçado ou de um altivo e pesado concessor de lições.

No entanto, Jesus foi frequentemente apresentado como um revolucionário!

Quando levamos em conta a recorrência mais ou menos insistente da hipótese de um Jesus "político", até mesmo revolucionário, convém, sem dúvida, nos determos um pouco neste ponto. A posição de Jesus nesta matéria parece estar resumida na sua ordem formal: "Dai a César o que é de César e a Deus o que é de Deus" (Mt 22,21; Lc 20,25). Certo, inclusive entre seus discípulos, não faltaram pessoas em seu meio que viram nele um "messias" que poderia encabeçar uma revolta do povo judeu contra os romanos (como vão querer os zelotes). Correto também: os ensinamentos e comportamentos de Jesus levaram a diversas perturbações da ordem pública, ao mesmo tempo religiosas e políticas, e sabemos que isso foi precisamente utilizado contra Ele. Mas a sua posição pessoal, ilustrada pelo conjunto da sua atitude, está claramente resumida na sua declaração aos poderes públicos durante o seu processo: "Meu reino não é deste mundo" (Jo 18,36). Foi apenas por escárnio que, após a sua estrita recusa em endossar tal título, os romanos fizeram fixar sobre a cruz o letreiro "Rei dos Judeus" que indicava que se tratava realmente de "Jesus o Nazareno" (Jo 19,19ss.).

Jesus aparece finalmente como um homem ao mesmo tempo bom e firme, determinado e sensível, como um educador e um dirigente de homens desejoso de "formar" aqueles que o seguem, mas também sempre preocupado em chamar à liberdade aqueles que arrebata. E finalmente capaz de expor sua vida e de dá-la na convicção de que esta é a boa maneira de "torná-la realmente viva".

Sem dúvida, compreenderíamos melhor Jesus se soubéssemos mais sobre a educação que Ele recebeu. O que conhecemos de preciso sobre a sua infância, sua família, seu meio de origem?

Conhecemos os nomes dos seus pais, Maria e José, como dissemos, e sabemos por Lucas que, no momento em que Ele ia nascer, eles tiveram que se apresentar na Judeia[19] para curvar-se ao recenseamento decidido pelo governador romano, o que nos informa sobre sua origem geográfica. Mas eles eram galileus (Mt 2,22-23), oriundos de um meio principalmente rural, e Jesus possivelmente passou seus trinta primeiros anos nesse ambiente judeu, marcado pela colonização romana. Não temos como saber se Ele interveio ou não, como o artesão que era, dando prosseguimento à profissão de seu pai – a tradição diz que Ele era marceneiro ou carpinteiro (cf. Mc 6,3) – no canteiro de restauração da cidade de Séforis, que Herodes Antipas fizera construir então, bem próxima do Lago de Tiberíades, nas cercanias do seu domicílio familiar.

O Novo Testamento fala de seus irmãos e irmãs. Ele realmente tinha irmãos e irmãs? A questão torna-se ainda mais relevante devido à tradição cristã que fala da virgindade de sua mãe, Maria!

Vamos nos deter um pouco nesta questão dos irmãos e irmãs. Mesmo entre os cristãos e os católicos, um certo número de exegetas do Novo Testamento estima que as palavras "irmãos e irmãs", efetivamente usadas repetidas vezes em relação a Jesus (cf., p. ex., Mc 6,3), não podem significar outra coisa além daquilo que as próprias palavras nos dão

---

19 Situada ao sul da Palestina, a Judeia compreendia Jerusalém e a muito próxima Belém. Seu limite com a Samaria encontrava-se cerca de 40km ao norte de Jerusalém. A Galileia (Nazaré e o Lago de Tiberíades ou Mar da Galileia) era ainda mais ao norte.

a entender! Todavia, não podemos negligenciar o fato que, desde suas origens e ao longo dos séculos, a fé cristã tenha tomado Jesus por filho único da sua mãe Maria, sobre a qual se afirma ter sido uma mãe virgem. O que pensar, então? Que a palavra "irmão" poderia, dentro do contexto, valer também para os primos? Que os irmãos e irmãs em questão eram filhos do casamento precedente de um José mais velho do que sua nova esposa, Maria? A honestidade nos obriga a reconhecer que se a pesquisa científica sobre os textos não parece afiançar a "leitura tradicional", ela, em todo caso, não explica por que, no momento de morrer, Jesus confia sua mãe a João (Jo 19,27)... se Ele tinha realmente irmãos e irmãs.

Quanto à questão, sem dúvida importante mas diferente, da virgindade de Maria, eu me contentarei aqui em indicar esta única e breve consideração teológica; se, com a sua ressurreição (sobre a qual será necessário falar sem mais delongas), Jesus conheceu uma maneira realmente única de *deixar* a condição histórica terrestre, por que sua maneira de nela *entrar* não poderia ter sido, ela também, "única"?

Qualquer que seja a verdade sobre este tópico específico, todo o mundo, crente ou não, deve reconhecer que de maneira bastante surpreendente talvez, Jesus não parou de relativizar os vínculos familiares. Aos doze anos, na época do episódio do Templo, Ele resistiu à admoestação dos seus pais que, no entanto, tudo indica parecer ter sido bem fundamentada, que o repreenderam por tê-los jogado na inquietação subtraindo-se durante mais de um dia à sua vigilância (Lc 2,46). Nas Bodas de Caná, quando sua mãe lhe informa que o vinho da festa iria faltar, Ele a encaminha "àquilo que lhe diz respeito", como poderíamos dizer, usando uma justificativa, segundo João, um pouco surpreendente: sua hora, Ele se justifica, ainda não teria chegado! (Jo 2,4). Um dia, quando lhe informam que "sua mãe e seus irmãos" (esses últimos chegaram a acusá-lo de "ter perdido a cabeça", cf. Mc 3,21) "estão aí procurando-o", Ele responde sem meias-palavras: "Minha mãe e meus irmãos são aqueles que escutam a Palavra de Deus e a colocam em prática" (Lc 8,19-21). De uma maneira geral, Jesus adverte contra toda supervalorização dos "vínculos da carne e do sangue" em matéria de religião, moral e espiritualidade: o discípulo do Reino não deve estar pronto para deixar não só casa ou campo, mas também pai e mãe, para segui-lo em uma "comunidade" de uma ordem completamente outra? (Mc 1,16-20; 3,31-35; Lc 14,26).

Maria Madalena foi a companheira ou a mulher de Jesus? Ele era casado?

Nada sustenta a ideia de que Jesus pudesse ter sido casado... mesmo com a famosa Maria Madalena[20] à qual Ele era ligado, como podemos supor, por uma real e forte proximidade. O celibato é, portanto, um novo traço que distingue Jesus, como aliás João Batista, dentre todos os sacerdotes, rabinos e outros religiosos (ao menos os não ascetas como o eram, p. ex., os essênios) da sua época.

Em contrapartida, Ele travou relações regulares estreitas com várias pessoas, como seu amigo Lázaro e as duas irmãs deste último e como este "discípulo bem-amado", este João que parece ter sido o único a acompanhá-lo, junto com sua mãe Maria e algumas outras mulheres, ao pé da sua cruz (Jo 19,25-27).

20 Libertada de "sete demônios por Jesus" (Lc 8,2-3), ela está presente aos pés da cruz e no sepultamento de Jesus (Mc 15,47). Segundo Jo 20,11-18, ela chegou até mesmo a se beneficiar de uma "aparição pascal" de Jesus (cf. infra., p. 86s.).

Sua pregação e, mais amplamente, sua atividade pública atraíram muitos discípulos?

Desde as primeiras vezes em que tomou a palavra publicamente, Jesus viu alguns dos seus ouvintes lhe darem atenção, "segui-lo", reunirem-se à sua volta. Parece, no entanto, que de uma maneira geral, não devemos superestimar a qualificação de "discípulos", pois vários motivos parecem ter estado presentes aqui: da pura curiosidade ou da simples simpatia à adesão mais ou menos resoluta ou mais ou menos constante. Tampouco devemos ser tolos com relação à menção de "multidões" em torno de Jesus, com exceção, sem dúvida, de uma ou outra circunstância excepcional.

No interior deste vasto ambiente, Jesus, entretanto, começou rapidamente a constituir o círculo mais restrito daqueles que seriam, após a sua partida, seus "encarregados da missão e representantes" e que, já antes da sua morte, Ele associou à sua missão evangelizadora a serviço da causa do Reino. Segundo Marcos, essa foi até mesmo sua primeira preocupação (Mc 1ss.) e o aspecto de ajuntamento é essencial àquilo que, logo, será chamado de "a Igreja" – mas voltaremos a este assunto.

O círculo dos próximos é aquele que os evangelhos chamam de os "apóstolos" e, mais precisamente, os "Doze", que Mc 3,13-19, Mt 10,1-4 e Lc 6,13-16 se dão ao trabalho, todos os três, de enumerar os nomes. Este número doze remete manifestamente às doze tribos de Israel, simbolizando, naquele que anuncia a vinda do Reino, a intenção expressa de dar suas fundações a um novo povo de Deus. Este povo se reunirá de agora em diante em torno dos apóstolos e da sua palavra, está sendo convocada a nada mais senão repercutir as palavras do seu mestre através dos lugares e dos tempos...

Que tipo de relação Jesus estabelecia com as pessoas que Ele encontrava, que o escutavam ou com aquelas que, mais ou menos ocasionalmente, Ele tinha que lidar?

No relato que nos é feito respectivamente por Lucas e João, alguns encontros pessoais mais marcantes podem dar uma ideia da delicadeza e da profundidade da comunicação que Jesus era capaz de estabelecer e com a qual, a cada ocasião, Ele se preocupava. Basta citar, em diferentes registros, o (jovem) homem rico (Mc 10,17-22) de um lado, a Samaritana (Jo 4,7-29) e a "mulher adúltera" (Jo 8,4-11) de outro lado. Relatemos, a título de exemplo, o relato de Lucas do encontro com "o homem rico": "Um homem de posição perguntou então a Jesus: Bom Mestre, que devo fazer para possuir a vida eterna? Jesus respondeu-lhe: Por que me chamas bom? Ninguém é bom senão só Deus. Conheces os mandamentos: *não cometerás adultério; não matarás; não furtarás; não dirás falso testemunho; honrarás pai e mãe.* Disse ele: Tudo isso tenho guardado desde a minha mocidade. A estas palavras, Jesus lhe falou: Ainda te falta uma coisa: vende tudo o que tens, dá-o aos pobres e terás um tesouro no céu; depois, vem e segue-me. Ouvindo isto, Ele se entristeceu, pois era muito rico" (Lc 18,18-23).

Aos antípodas destes encontros da ordem da intimidade pessoal chama a atenção a preocupação constante de Jesus com "aqueles que estão longe" e temos até mesmo vontade de especificar: "longe de tudo" – a saber: os pecadores, os "impuros" e os leprosos, assim como os pequenos e pobres de todos os tipos. Globalmente: aqueles que eram chamados de "o povo do país", este grande número de pessoas humildes mal-conhecidas e deixadas de lado por todas as elites e pelas quais Jesus declara, nem mais nem menos, ter "vindo". A expressão aramaica *ham-ha-aretz* designa literalmente o "povo do campo/da terra", desabonado e desprezado pelos fariseus devido à sua incapacidade – devido em particular ao seu trabalho – em satisfazer o código legislativo de "pureza". Lembremos que a impureza, noção legal e cultural mais do que moral e espiritual, resultava principalmente, entre muitas outras coisas, da ingestão de alimentos prescritos, do exercício de profissões denunciadas (nós falamos dos publicanos) ou da frequentação daqueles que as exerciam, da abstenção (voluntária ou não) das abluções rituais etc.

Sobre este tema das relações ou da "rede" de Jesus, podemos terminar com duas breves observações. De um lado, é preciso pôr em relevo que, tendo vindo para uma missão que deveria se revelar universal, Jesus, no entanto, praticamente não saiu dos limites da Palestina da sua época: um dia se colocará, portanto, de maneira incontornável, a questão da continuidade e dos seus meios! Por outro lado, o relato evangélico mostra, em diversas ocasiões, Jesus retirando-se para longe das multidões e mesmo "em separado" dos seus discípulos, no silêncio e na oração – mais precisamente ainda: na intimidade daquele que Ele chama *seu* Pai (Mt 14,23; Mc 2,35; Lc 4,21). Será necessário, de uma maneira ou outra, tentar esclarecer a natureza dessa relação também.

Como Jesus encarou a morte? Como Ele se situou diante dela?

O destino confronta todo homem à morte e nós já fomos levados a ressaltar o fato de que Jesus evidentemente não escapou dela. A questão se coloca, então, em saber como Ele precisamente pôde encará-la para si mesmo e o que Ele disse a respeito aos outros. Como este sábio poderia não ter uma ideia sobre este assunto que evidentemente lhe dizia respeito?

Como este mestre da sabedoria poderia ter ficado em silêncio sobre este tema de universal preocupação?

Já está claro que a partir do momento onde sua atividade pública lhe valeu um real sucesso junto às "multidões" – aliás, logo seguido pelo seu desinteresse e posteriormente pela sua hostilidade, e que, em todo caso, lhe atraiu muito rápido a suspeita e logo depois a inimizade declarada dos notáveis de todas as ordens –, Jesus não poderia deixar de ter plena consciência que o seu "negócio" iria terminar mal. Só a apresentação que nos é feita da maneira como Ele tomou a decisão de "subir a Jerusalém" já o indica bem. Diversas vezes, ao longo de toda sua peregrinação com seus discípulos, Ele os prevenira que eles deveriam esperar, começando por Ele mesmo, encontrar adversidades. Ele chegou até mesmo a repreender Pedro, que não queria saber disso, sem meias-palavras ("Para longe de mim, satanás!" (Mc 8,33)).

A que se devia este claro pressentimento de Jesus e a recusa dos seus discípulos em compartilhá-lo?

A razão se deve a um equívoco tenaz. Quando Jesus situa claramente sua missão apenas sob o plano espiritual do Reino de Deus, discípulos e multidões não querem nada escutar e admitir a respeito e acabam, portanto, afastando-se dele. Quanto àqueles que efetivamente captaram a natureza exclusivamente espiritual do seu propósito, a saber, os homens do culto e da religião, eles dali extraem a razão essencial da sua própria hostilidade para com Ele, que parece cada vez mais fazer-lhes concorrência e, visando chegar aos poderes políticos, eles acrescentam haver risco de sua pregação levar a graves perturbações na ordem pública. Fazendo, aliás, eco a Jo 11,50, um Guy Béart compreendeu, à sua maneira, o que acabamos de expor ao cantar: "Pilatos teve razão por não ter escolhido ao acaso / Em suma, é mais justo abater um único homem".

Diante da morte cada vez mais ameaçadora, Jesus com certeza apoiou-se naquilo que o seu povo acreditava e esperava do Deus de Abraão, de Isaac e de Jacó e que Ele próprio tinha ensinado a todos os seus ouvintes. Isso não impediu "o homem verdadeiramente homem" que Ele era de ser acabrunhado pela dor física e pelos tormentos da morte; os relatos evangélicos não nos poupam ao descrevê-los nos quadros que retratam o processo, da agonia no Jardim do Getsêmani até a cruz.

Manifestamente, o trágico da Paixão de Jesus, pois é desta maneira que é nomeado seu longo caminho que vai da sua condenação à sua morte na cruz, atingiu muito aqueles que tinham reclamado dele. Os redatores dos textos evangélicos buscaram esclarecer o terrível enigma que lhes pareceu representar o fim de Jesus, reportando-se aos prenúncios que eles puderem reconhecer no Antigo Testamento: este é o caso do poema de Isaías que evoca este "servo de *Yahvé*" cujo destino trágico seria fonte de redenção e bênção para as multidões ou ainda as elegias de diversos salmos nos quais um justo grita para *Yahvé* seu Deus ao mesmo tempo seu desespero e sua esperança.

E qual foi o fim de Jesus?

O ponto culminante do enfrentamento diante do desespero que o pregador, taumaturgo e exorcista Jesus deve ter conhecido no seu fim, agora reprovado e jogado no sofrimento e até mesmo no sentimento de abandono e solidão moral, é manifestamente alcançado com o grito, retomado do Sl 2, que Ele teria clamado sobre a cruz: "Meu Deus, meu Deus, por que me abandonaste?" (Mc 15,34). Não podemos duvidar de que haja aí um elemento autêntico: como os discípulos ocupados em testemunhar a divindade de Jesus poderiam, ao escrever seu relato, inventar de um golpe um dado manifestamente tão pouco apto a servir e a sustentar o reconhecimento da sua causa? (Nova aplicação do nosso critério "de diferença".)

As derradeiras indicações de que dispomos nos colocam, assim, face a uma incontornável questão: Como compreender a identidade de um ser que, tendo durante toda sua existência terrestre feito prova de um tal sentido de Deus e de uma tal nobreza humana, viu-se no final da sua trajetória afrontado à mais terrível provação, em uma quase solidão e na mais negra obscuridade – ainda por cima totalmente abandonado, ao que parece, por aquele que Ele sempre reivindicara estar consigo?

Contudo, Jesus não vai nem desabar nem se revoltar. Ele ainda vai encontrar força para se dirigir, por meio de uma oração, àquele em quem Ele sempre depositou total confiança e que, no momento em que tudo deveria finalmente ser decidido, parece tê-lo impiedosamente abandonado. Pois o grito de desespero sobre o qual Jesus se apaga – "Meu Deus, meu Deus, por que me abandonaste?", vamos repeti-lo – ainda é uma oração, pois Ele a dirige ao próprio Deus.

3
IDENTIDADE

Através do seu relato, vemos que, mesmo tendo sido tão excepcional, Jesus nem por isso escapou do destino comum dos seres humanos. Não deveríamos, então, considerar que Ele foi apenas um homem? Um homem excepcional, sem dúvida, até mesmo um sábio eminente, mas bastante comparável a Sócrates, sobretudo na sua maneira de enfrentar a morte?

De fato, não é à toa que podemos pensar em Sócrates quando buscamos compreender a identidade real de Jesus.

Nós já tivemos a oportunidade de nos interrogarmos sobre o que poderia associá-lo a um sábio apto a ser considerado como um verdadeiro mestre da sabedoria. Certamente já é suficiente remetê-lo à grande figura filosófica de Sócrates cuja herança foi recolhida por Platão, Aristóteles e muitos outros que nos transmitiram a reflexão e o ensinamento. Mas há uma razão mais específica ainda para aproximar um ao outro, essas duas grandes figuras às quais nossa história cultural tanto deve: é diante da sua própria condenação à morte que Sócrates e Jesus foram compelidos a mostrar a real medida de seu engajamento ao discurso de sabedoria que eles sustentaram, cada um à sua maneira.

Ambos foram acusados de jogar descrédito sobre a concepção de Deus ou do divino que prevalecia em seus respectivos meios e de serem, a partir daí, causa de subversão social; um e outro preferiram morrer ao invés de negar a si mesmos, assim atraindo para si a consideração de ao menos uma parte da sua posteridade.

Falta registrar as grandes diferenças entre essas duas prestigiadas personalidades. De um lado, o que nos chegou do ensinamento de Sócrates transparece uma preocupação importante com o governo político da cidade, o que não se encontra de maneira alguma em Jesus. Por outro lado, e, sobretudo, não vemos no grande filósofo de Atenas nenhuma menção que poderia dizer respeito à existência de um Deus-Pai e à esperança de uma salvação para os seres humanos.

Como compreender, enfim, a enorme diferença de comportamento entre um Sócrates, que continua tranquilamente seu discurso diante dos seus discípulos enquanto absorve, em uma total empáfia, a cicuta que vai levá-lo à morte, e um Jesus entregue aos suplícios que, em uma quase total solidão, não teme expressar nem a sua dor física nem seu desespero moral?

O que podemos dizer, então, da identidade de Jesus? Quem era Ele, afinal de contas?

De fato, e mesmo que um Erasmo, por exemplo (por volta de 1469-1536), tenha mencionado a existência de uma verdadeira "filosofia do Cristo", Jesus aparece inserido na linha profética judaica – linha daqueles que *falam* "no lugar e em nome de Deus" – ao invés de na tradição filosófica grega. Podemos tomar aqui como referência inicial uma interrogação dirigida pelo próprio Jesus a seus discípulos em Mc 8,27ss.: "Quem dizem os homens que eu sou?" A resposta é: "João Batista para uns; para outros, Elias; para outros, um dos profetas". É bastante claro: quem quer que, entre os que cercavam Jesus, interrogue-se sobre sua identidade, busca espontaneamente a resposta com inclinação ao profetismo. João Batista já era visto segundo este perfil e esta maneira de compreendê-lo parece ter recebido o aval de Jesus. Ao interrogar seus discípulos sobre aquele que o batizou: "O que fostes ver no deserto? Um profeta?", Ele lhes forneceu, de fato e sem rodeios, esta resposta: "Sim... e mais que um profeta!" (Mt 11,9). Podemos ouvir: "mais do que simplesmente um profeta dentre outros", e no curso dos acontecimentos confirmará essa afirmação.

Na época de Jesus, as pessoas lembravam-se que Elias, o grande profeta bíblico que é aqui mencionado junto ao Batista, tinha sido levado aos céus sobre um "carro de fogo" sem morrer e, portanto, seu retorno para uma etapa decisiva da história da salvação era aguardado. Por conseguinte, não é surpreendente que alguns tenham chegado a se perguntar se não era justamente ele quem fazia seu retorno esperado em Jesus!

Aliás, é um fato que, no momento em que Jesus começou sua vida pública, os "profetas" e até mesmo os "messias" tenham, como mencionamos, se multiplicado. Eles pretendiam acumular "sinais e prodígios", como Moisés ou Josué que obtiveram o maná (Ex 16,1ss.) para o seu povo, ou fazendo-o passar pelo Mar Vermelho (Ex 14,15ss.) ou o Jordão (Js 3,1ss.), cada um manifestando-se, assim, como "o profeta [aguardado para os últimos tempos]". É bastante revelador que, antes de desaparecer (Mt 14,3-12), o próprio João Batista tenha a mesma interrogação sobre Jesus, enviando-lhe emissários para perguntar esta questão de confiança: "Sois Vós aquele que deve vir ou devemos esperar *um outro*?" (Mt 11,3). Podemos, enfim, apontar o fato de que, nos dias que se seguiram à partida de Jesus, os célebres discípulos de Emaús"[21] designavam ainda "Jesus o Nazareno (como) um profeta poderoso em atos e em palavras" (Lc 24,19), fazendo, de certa maneira, eco ao sentimento expressado pelas "multidões" no momento da entrada de Jesus em Jerusalém no dia de Ramos[22], alguns dias antes da sua paixão: "É Jesus, o profeta de Nazaré da Galileia" (Mt 21,11).

Se Jesus é um profeta, em que Ele se distingue dos outros? Ainda mais por não ter se apresentado como tal?

É difícil pensar que a palavra "profeta" seja conveniente, ou melhor, se ela é suficiente, para designar Jesus. Se de fato este título foi logo usado, alternando-o com outros, entre aqueles que continuaram a mencionar Jesus após a sua morte, é porque, no fundo, este termo lhes pareceu bastante impreciso para definir adequadamente sua personalidade. Devido àquilo que poderia haver de tão desconcertante tanto em seu ensinamento quanto em seu comportamento, o próprio questionamento permanecia impreciso. Um profeta? Talvez... na verdade, sem a menor sombra de dúvida; afinal,

21 Perto do final do seu evangelho, Lc 24,13-35 relata como dois discípulos de Jesus que "nesse mesmo dia caminhavam para uma aldeia chamada Emaús, distante de Jerusalém sessenta estádios, iam falando um com o outro de tudo o que tinha se passado", lamentavam o fim trágico de Jesus... até que Ele (em pessoa) viesse ao seu encontro ao longo do caminho, beneficiando-os, assim, de uma das suas "aparições" (cf. infra, p. 86s.).

22 Os "ramos" dessa expressão tradicional remetem às palmas e aos galhos agitados pela multidão em júbilo que acolheu Jesus à sua entrada na Cidade Santa.

Ele também não tinha falado em nome de Deus? Mas qual "tipo" de profeta, então? Foi preciso, e sempre é preciso, convir: tal identificação não colocou um fim à indecisão.

Certo, Jesus chegou a utilizar o termo "profeta" a seu próprio respeito – e isso pode certamente confirmar que esta designação não era e não é, portanto, totalmente desprovida de pertinência em seu caso. No entanto, o fato de que, ao falar de si, Ele só aplique este termo de maneira *indireta*, pode, contudo nos alertar. Assim, lemos em Mc 6,4: "Jesus lhes dizia: um profeta só é desprezado em sua pátria"; e em Lc 13,33: "Não é possível a um profeta perecer fora de Jerusalém". Evidentemente, a última palavra não é dita. É imperativo, portanto, que haja uma continuação da investigação.

Mas como Jesus se apresenta a si mesmo?

Poderíamos pensar que Jesus não deveria ter nada de mais urgente ou de mais importante a fazer do que esclarecer de imediato seu meio sobre aquilo que Ele estimava ser e, na verdade, era. Será que esta não teria sido uma boa maneira de fazer aceitar seus ditos e seus atos por vir e de afastar qualquer equívoco a respeito do título em nome do qual Ele intervinha e se posicionava? Pois bem, não! Não apenas Jesus de modo algum procedeu dessa maneira, como também Ele tomou distância de todos os títulos que em toda sua vida pública buscaram sucessivamente lhe aplicar.

É com relação ao título *Cristo* que melhor medimos a reticência de Jesus nesta matéria. Quando, segundo o relato de Marcos, Ele acaba de interrogar os seus da maneira mais límpida possível ("Quem dizem os homens que eu sou?"), atraindo para si a resposta já citada: "João Batista para uns" etc., e quando Pedro, tomando solenemente a palavra em nome do grupo, declarou: "Tu és o Cristo", Jesus não reage de outra maneira a não ser ordenando "que a ninguém dissessem nada a respeito dele"! (Mc 8,27-30)

Ora, essa não é uma atitude isolada. Se seguirmos passo a passo o relato evangélico temos, pelo contrário, a impressão de que Jesus está constantemente na esquiva. Já perto do seu fim, este relato demonstra claramente o desconforto dos redatores em repercutir a atitude de Jesus, a tal ponto ela lhes parece problemática. Ali onde, de fato, Jesus responde à questão do grande sacerdote: "És o Messias, o Filho do Abençoado?", o Jesus de Marcos (14,62) responde: "Eu sou", aquele de Mateus replica pelo contrário: "És tu que o dizes!" (Mt 26,64). Resposta que veremos curiosamente retomada, mas desta vez em Marcos e após esta (outra) questão de Pilatos: "És o rei dos judeus?" (Mc 15,2).

Jesus tinha uma intenção precisa quando mantinha este mistério a respeito da sua identidade?

Qualquer que seja a maneira como lhe fosse colocada a questão da sua identidade, tudo se passa como se Ele se recusasse a tomar uma posição sobre este assunto ou quisesse que o seu interlocutor compreendesse que Ele o encarregava de comprometer-se com uma resposta. De toda maneira, a impressão que Jesus quer dar é que não chegaremos a nenhuma clareza a seu respeito se permanecermos prisioneiros de esquemas preestabelecidos, ou seja, se buscarmos encaixá-lo em imagens já bastante bem repertoriadas... E não é raro que Ele complemente aqui sua atitude com uma advertência prevenindo os seus que eles "ainda" não podem compreender o que lhe diz respeito, que para isso será necessário que eles o acompanhem "mais para frente", que as coisas só se esclarecerão "mais tarde"...

Dito de outra maneira, Jesus diz aquilo que tem a dizer e faz o que tem a fazer sem muito se preocupar, ao menos em um primeiro momento, com o efeito que isso possa ter sobre seu meio. É o que irá lhe acontecer que decidirá o seu verdadeiro ser e fornecerá a justa maneira de compreendê-lo. Enquanto aguarda, Ele se contenta em "colocar-se aqui" de algum modo... Como repetem à saciedade os evangelhos: se alguém tem ouvidos para ouvir, que ouça – e compreenda quem compreenderá (a bom entendedor, meia-palavra basta) (Mc 4,23; 7,16).

Rei, Messias... ou outra coisa, Ele, no entanto, jamais desmentiu esses títulos. Ele realmente nunca chegou a se autodesignar por algum título em particular?

Ele, de fato, ocasionalmente aceitou atribuir a si mesmo uma certa designação que é ainda mais impressionante por Ele ser o único a utilizá-la: a de "Filho do homem". Ora, longe de tirar a interrogação, ela a relança novamente, tanto seu significado parece complexo.

De um lado, trata-se aí de um "semitismo", ou seja, de uma expressão bastante corrente na época que não remete necessariamente a um título, mas a uma maneira de designar-se – como se disséssemos "o filho do homem" ou "o ser humano" ou simplesmente "eu mesmo" ou "eu" (cf., p. ex., Mt 8,20: "o Filho do Homem não tem onde repousar a cabeça"). Contudo, por outro lado, essa expressão evoca, na tradição bíblica anterior e em contraste com aquilo que acaba de ser dito, a figura transcendente do "Juiz dos tempos finais" que aparece "sobre as nuvens do céu" no capítulo 7 do Livro de Daniel. Ali ainda, todavia, a identificação é diferenciada, como indica Mc 8,38: "Se alguém se envergonhar de mim [...], o Filho do Homem se *envergonhará* dele [...]". A formulação pode surpreender, mas a ideia é a de que tudo ainda não foi dito sobre o Filho do Homem com aquilo que apareceu ao longo do curso da história.

Portanto, temos, de um lado, o pertencimento à condição humana, com os limites e as provações que necessariamente a marcam; de outro, a detenção de um misterioso poder judiciário transcendente: não devemos contar com Jesus para resolver as questões desencadeadas (naquele momento) por suas próprias interrogações ou (finalmente) o conjunto do seu comportamento e do seu destino. Cabe a cada um a quem Ele pertencerá de encontrar uma resposta.

Somos, portanto, finalmente obrigados a interpretar a identidade de Jesus, pois ela não acontece sozinha, sem que haja interpretação!

Enquanto nos contentarmos em falar de Jesus como de um pregador, um taumaturgo e/ou um exorcista ("fazedor de prodígios"), como de um sábio e mestre da sabedoria e até mesmo como de um filósofo ou um profeta, nos mantemos em um registro de compreensão amplamente acessível a qualquer um, até mesmo fora de qualquer perspectiva de fé. Mas a aventura da famosa escola da pesquisa histórica sobre a vida de Jesus, na transição do século XIX para o século XX, já nos alertou sobre o fato de que é impossível chegar a um Jesus "puro" de qualquer interferência da visão do mundo e da concepção da existência humana inerentes ao pesquisador que se interroga a seu respeito. Isso simplesmente quer dizer que, em se tratando de história, não apenas nós sempre interpretamos, mas nós sempre já interpretamos. E isso acontece não apenas no caso de Jesus, mas com todo personagem ou acontecimento dito histórico, tanto com Sócrates quanto com Alexandre, mas também com Napoleão e a Revolução Francesa.

No que diz respeito a Jesus, a dificuldade não é a de que, já no seu tempo, logo após a sua morte e até nossos dias, diversas interpretações da sua figura e da sua identidade pessoal tenham sido propostas. O surpreendente é que, dentre elas, surge um certo número que 1) comportam uma dimensão propriamente *transcendente*, e sobretudo 2) ocupam um lugar essencial nos únicos documentos explícitos que dispomos sobre Jesus, a saber, os textos do Novo Testamento. Pois isso quer dizer que Jesus *só nos é evocado nos conjuntos literários unificados* – os evangelhos e todo o Novo Testamento – *que o apresentam indiscutivelmente como "mais do que simplesmente Jesus"... e que isso também pertence aos dados históricos que lhe dizem respeito!*

Ninguém é obrigado a aceitar esses dados como sendo históricos se não há meios para certificá-los. Mas tampouco ninguém é autorizado a tomá-los *a priori* como desprovidos de toda pertinência e significado! A questão do acesso à identidade de Jesus será metodológica. Tratá-la adequadamente suporá a definição de critérios confiáveis para decidir.

Tudo isso deixa bem claro por que aqueles que se interessaram por Jesus, sua vida e aquilo que veio em seguida, foram levados a se pronunciar a seu respeito e, portanto, a designá-lo por sua conta e risco, se assim podemos dizer... É desta maneira que se explicaria o fato dele ter sido designado e anunciado por títulos como Messias, Filho de Deus, Senhor...?

Quando observamos um pouco mais de perto, percebemos que os títulos atribuídos a Jesus no Novo Testamento são em realidade muito numerosos, variando segundo as comunidades ou os meios que falam sobre Ele: Mestre (ou Rabbi), Filho de Davi, Rei dos Judeus (através dos sinóticos); ou também o Santo, o Justo, o Servo (cf. At 3,12-14); ou ainda o Pastor (Evangelho de João). Entretanto, três títulos acabarão, efetivamente, por ter a primazia: Cristo, Filho de Deus, Senhor. Portanto, é nestes que convém nos concentrarmos.

Vamos falar primeiro sobre o título *Cristo*, que já ressaltamos que Ele acabou sendo quase sistematicamente colado ao nome "Jesus" na expressão "Jesus Cristo", a ponto de alguns terem logo esquecido que os dois termos devem ser diferenciados. Pois, vamos insistir neste ponto, se o primeiro termo anuncia o nome próprio do homem de Nazaré, o segundo é propriamente um título, título ao mesmo tempo de dignidade e de função. Aquele que se *chama* Jesus, nós o *chamamos*, nós o invocamos, nós o confessamos, nós o reconhecemos como Cristo. Ou seja, como Messias, já que "Cristo" é apenas a tradução da palavra hebraica "Messias". Dizer que Jesus é o Cristo, designá-lo como Jesus Cristo é, portanto, nem mais nem menos, reconhecer que o Messias, até então aguardado, veio e se revelou nele, ou seja, este misterioso encarregado da missão, enviado por Deus para representá-lo diante do seu povo, e realizar em seu nome uma missão de salvação[23].

---

23 "Messias" é um substantivo derivado do verbo hebraico *mashah*/ungir. Lembremos que os reis de Israel eram, como, aliás, os sacerdotes, instituídos durante rituais que comportavam em particular uma unção feita com óleo santo.

Um segundo título maior atribuído a Jesus é o de *Filho de Deus*. De início, Ele é suscetível a uma compreensão bastante ampla e, portanto, um pouco flutuante. Na Bíblia, a expressão pode designar os anjos ou ser aplicada ao rei, até mesmo a todo o povo de Israel e, perto do fim do Antigo Testamento, ou seja, pouco antes de Jesus e da era cristã, a cada um dos seus membros. Isso não deixa de parecer paradoxal, já que, no mesmo momento, a apelação "Filho do homem" vem, pelo contrário, a ser reservada a um único indivíduo, de caráter transcendente, como já percebemos! Na realidade, é preciso salientar que Jesus não aplica jamais a si mesmo este título de Filho de Deus e que, se os escritos do Novo Testamento logo o empregarão para expressar a convicção de que Jesus é realmente o "próprio verdadeiro e único" Filho de Deus, é porque Jesus se faz de fato reconhecer como tal muito mais devido aos seus comportamentos e ao conjunto do seu destino do que pelas suas declarações.

Terceiro título maior: *Kurios*/Senhor. Palavra de uso corrente na época de Jesus, este título também foi empregado de uma maneira bastante ampla. No entanto, não podemos duvidar que, em Paulo e João, devemos aí reconhecer o próprio nome de Deus, aquele que exerce sobre todas as coisas a *Senhoria* por excelência! A Epístola aos Filipenses (2,9) fala muito claramente neste sentido do "Nome que está acima de todos os nomes" e a Epístola aos Colossenses (2,9) não temerá afirmar que "nele (Jesus) habita corporalmente toda a plenitude da divindade"! Os adversários de Jesus não se enganaram quanto ao resto, já que, ao menos segundo o relato de João, o processo que lhe será impetrado formulará expressamente a acusação de blasfêmia: "Porque tu, sendo homem, te fazes passar por Deus" (Jo 10,33).

Mas como os discípulos de Jesus, e particularmente, é claro, os apóstolos, vieram a lhe aplicar esse tipo de títulos, que lhe atribuíam um status *transcendente para com a condição humana e até mesmo um* status *divino?*

Devemos ser muito claros aqui: eles o fizeram e foram levados a fazê-lo porque acreditavam firmemente que Jesus tinha *ressuscitado* – ou seja, que Ele tinha definitivamente atravessado a morte! É a única razão pela qual os apóstolos foram conduzidos a descobrir e a anunciar que Ele era o Cristo-Messias, este Filho de Deus e este Senhor que nós acabamos de evocar. Consequentemente, a partir deste momento, a questão é saber o que os levou a professar que o seu mestre tinha ressuscitado.

Já que diz respeito a um ponto que, de uma maneira ou de outra, trata da história – ela refere-se diretamente ao Jesus da história –, a resposta não poderia ser dada de imediato e tampouco poderíamos dizer que é apenas uma questão de fé. A palavra deve primeiro ser dada à exegese histórico-crítica que nós já evocamos. Ela está apta a nos fornecer preciosos elementos de reflexão[24].

• Para começar, é evidente que, após a morte de Jesus, seus discípulos se sentissem desolados, dispersos, desmobilizados. Nós os vemos com dificuldade para encontrar a energia para seguir em frente e dar continuidade às coisas, já que nada de importante relativo ao seu mestre e à sua "causa" tinha sido produzido.

---

24 Retomo aqui, de maneira resumida e em uma outra perspectiva, uma passagem da minha obra *Être catholique aujourd'hui – Dans l'Église du pape François* [Ser católico hoje em dia – Na Igreja do Papa Francisco]. Paris: Bayard, 2014.

• Em seguida, ficou cada vez mais claro que a velha argumentação racional que desqualificava logo de saída o testemunho apostólico não tem mais nenhuma plausibilidade: os discípulos teriam inventado nos mínimos detalhes a fábula do túmulo vazio; é a partir daí que eles teriam começado a divulgar e a dar crédito à tese de uma ressurreição de Jesus... e "isso teria funcionado" durante vinte séculos... Ora, alto lá! A crítica textual de fato estabeleceu que a tradição literária[25] que menciona um túmulo vazio e a que narra as aparições de Jesus após a sua morte são totalmente *independentes*. Portanto, não podemos mais dizer que a primeira foi inventada para dar sustentação à segunda.

• Por outro lado, nos é asseverado que os discípulos não aguardavam de modo algum aquilo que foi anunciado... em todo caso, não sob a forma precisa que eles anunciaram. O que eles, como todo seu povo, esperavam sob a palavra "ressurreição" correspondia a dois tipos de acontecimento: seja a restituição de um ser humano à sua condição mortal, o que o expunha a morrer novamente (podemos pensar aqui em Lázaro); seja uma transformação do universo no quadro de uma grande conflagração apocalíptica do fim do mundo. Ora, os discípulos anunciaram uma ressurreição que 1) só dizia respeito a um único indivíduo, Jesus, e 2) já fazia esse único humano aceder, portanto independente de uma transformação universal, à condição propriamente escatológica.

Podemos, por conseguinte, nos perguntar o que pode ter conduzido os apóstolos a passar de uma total desolação após a morte de Jesus à proclamação segura da sua ressurreição

25 A expressão literária remete aqui a um conjunto de dados transmitidos de comunidade cristã a comunidade cristã, primeiro oralmente e logo em seguida, por escrito.

compreendida de maneira tão surpreendente. A resposta é clara: quando eles se explicam sobre o que os levou a acreditar em um acontecimento tão inaudito, e, portanto, também inesperado para eles, eles relatam essas experiências que chamamos de as "aparições" de Jesus após a sua morte. À vista disso, a questão principal é, na verdade, tentar passar a limpo o que pode ter acontecido naquilo que designamos por esta palavra! Para sabê-lo, o único método possível é a análise crítica dos singulares documentos de que dispomos, ou seja, "esses relatos das aparições pascais" que nos são narrados no Novo Testamento.

O que nos contam, então, esses relatos das aparições?

Após a morte do seu mestre, que os deixara totalmente desamparados, e de maneira completamente inesperada para eles, os discípulos de Jesus fizeram a experiência de restabelecer relações com Ele, de reencontrá-lo: durante uma refeição, na estrada, às margens de um lago... Dito de outra forma: nos contextos que lhes eram familiares, mas de modo totalmente imprevisto, seu mestre desaparecido "se deu a ver a eles". Pois, é importante ressaltar, essa é a maneira como eles colocaram em palavras o que tinham vivenciado e experimentado nestas circunstâncias totalmente desconcertantes para eles. Eles não disseram: "nós o vimos (ou revimos)" como poderíamos supor, mas: "Ele foi visto por nós", e até mesmo: "Ele se deu a ver por nós". É claro que eram eles que viam, mas tudo se passava como se a iniciativa e a própria operação deste "ver" estivessem *algures* e não em si mesmos: naquele que precisamente "dava-se a ver para eles", que "lhes permitia vê-lo", os "fazia vê-lo".

Dois fatores lhes permitiram compreender o que "estava lhes acontecendo" de tão estranho. De um lado, eles acreditaram poder enfim reconhecer ali o atendimento da esperança que conduzira suas vidas e a de todo o seu povo; por outro lado, eles estimaram que aquilo que eles já tinham vivido com Jesus antes de Ele deixá-los já lhes fornecera um esclarecimento decisivo sobre aquilo que eles estavam vivendo, agora, de modo tão inesperado.

Qual esperança havia sido trazida à vida dos apóstolos? Em que Jesus e o seu destino, inclusive essas curiosas "aparições", puderam parecer trazer-lhes uma resposta à sua expectativa?

Os primeiros que em Antioquia, por volta dos anos 40-50 (At 11,26), começaram a ser chamados de "cristãos" eram judeus. Falamos deles como sendo "judaico-cristãos" para distingui-los dos convertidos da cultura grega (aqueles que eram os "gentios" ou os "pagãos") que logo se multiplicaram, sobretudo devido às três grandes "viagens missionárias" de Paulo ao Mediterrâneo, mas também a Roma, através da atual Turquia, a Grécia e a Itália do Sul.

Professando, portanto, a fé do povo de Israel, os primeiros cristãos também aguardavam que Deus lhes enviasse o Cristo-Messias que lhes traria a libertação definitiva neste mundo e no outro – dito de outra maneira: a salvação. Sua esperança culminaria no grande grito de Isaías: "Se rasgásseis os céus, se descêsseis!" (64,1); e a questão já relatada dos enviados do Batista a Jesus – "Sois Vós aquele que deve vir, ou devemos esperar por outro?" (Mt 11,3) – nos fornece a prova.

Mas também não devemos perder de vista que a atitude de Jesus, em suas palavras e em seus atos, tinha tudo para conduzir seus companheiros a concentrar tal interrogação precisamente sobre Ele! Contentemo-nos aqui em destacar alguns sinais:

• É certo que Jesus expressou-se diversas vezes deste modo: "Ouvistes o que foi dito (segue uma palavra de Deus na tradição de Israel); pois bem, eu vos digo (segue uma palavra do próprio Jesus)" (Mt 5,21ss.). Jesus queria, então, dar à sua própria palavra a mesma autoridade que o seu povo, e Ele mesmo, em seu seio, reconhecia estar presente na Palavra de Deus.

• É certo também que Jesus perdoou os pecados (Mc 2,5-7). Ora, esta é uma prerrogativa que o Antigo Testamento jamais achou que fosse passível de ser exercida por um homem, seja quem for, a não ser o Messias – dito de outra maneira, se há um ponto que a fé judaica sempre reservou apenas a Deus, é o fato de perdoar aos homens suas faltas.

• Também temos certeza que Jesus se dirigia a Deus dizendo-lhe "*Abba*" (Mc 14,36). Ora, nós sabemos que este termo não era utilizado pelos fiéis da época para falar com *Yahvé* seu Deus, mas era da alçada do estrito campo das relações familiares; seu sentido verdadeiro era, nem mais nem menos, "papai". Nós sabemos que Jesus sempre distinguiu cuidadosamente sua própria relação com Deus da relação que o seu meio mantinha com Deus.

Assim, o questionamento envolvendo o profeta da Galileia não tardou a alastrar-se. Basta ler Marcos de uma só vez para nos darmos conta (cf., p. ex., 6,2-3): "De onde vêm essas palavras?"; "Quem é este?" Um dia, Pedro arriscou-se a replicar: "Tu és *o Cristo*, o Filho de Deus vivo!" (Mt 16,16). No entanto, pelas evidências, parece que ele não compreendeu o sentido real das suas próprias palavras. Jesus o prevenira que o messianismo nele reconhecido seria submetido à provação da morte; Pedro não aceitou isso de maneira alguma, como será demonstrado na sequência do relato.

De que maneira isso explica como os apóstolos vieram a anunciar Jesus como o Cristo-Messias, o Senhor, o Filho de Deus?

Jesus certamente tinha sido reconhecido como um "profeta poderoso em palavras e em obras" (Lc 24,19), mas nem por isso Ele deixou de ser condenado à morte, enquanto "nós esperávamos que fosse Ele quem haveria de restaurar Israel" (Lc 24,21; cf. At 1,6). Ora, eis que, com as surpreendentes aparições pascais, a interrogação foi relançada! O que já havia de tão surpreendente no Jesus de antes do Gólgota não ficava ainda mais claro naquilo que reaparecia dele, agora, após a sua morte? Paralelamente, o que tanto havia surpreendido nele "nos dias da sua carne" não podia ser esclarecido por aquilo que parecia agora ter-lhe acontecido além-túmulo? Em suma, o surpreendente do pré-Páscoa não foi elucidado à luz do surpreendente do pós-Páscoa e vice-versa?

Este foi, em todo caso, o caminho da fé dos discípulos – pois é preciso observar que eles próprios não foram dispensados de acreditar! O vínculo tão surpreendente com o Deus que Jesus chamava de seu Pai durante sua vida terrestre verificava-se ser agora capaz de vencer e atravessar a própria morte. Convinha compreender desde já que Jesus "pertencia" indiscutivelmente a Deus. Ele se refere a Deus como um "Outro", que Ele nunca deixa de receber e que logo aparece como sendo seu "Pai".

Consequentemente, era necessário admitir, dali em diante, que existe um Filho *em* Deus – dito de outra maneira, que "Deus" tem indiscutivelmente um Filho tão divino quanto

Ele! É *assim* que os discípulos cuja fé judaica proibia, no entanto, o reconhecimento de um homem como sendo Deus (seus adversários decidiram condená-lo à morte precisamente por não conseguirem imaginar uma eventualidade tão blasfema!) puderam chegar à confissão de fé e ao anúncio de que Jesus, este profeta crucificado pela mão dos homens, mas ressuscitado pelo poder de Deus, era realmente Deus... ou melhor, muito precisamente, Filho de Deus.

Então, finalmente é a ressurreição que foi determinante na compreensão da identidade de Jesus no cristianismo?

Tendo chegado a este ponto, podemos avaliar o quanto a compreensão cristã de Jesus está ligada à fé em sua "ressurreição dentre os mortos". É realmente por termos acreditado e efetivamente o professado "ressuscitado" que acabamos por reconhecê-lo plenamente habitado por um poder de vida que só poderia lhe vir do mestre e senhor da vida, de toda vida, que é Deus apenas. E é *assim* que, desde então, pudemos confessar o pleno pertencimento de Jesus ao próprio Deus – portanto, sua divindade e, nesse sentido, sua senhoria também a Ele pertencem.

Contudo, tanto a divindade quanto a senhoria foram *recebidas*, já que Jesus (em quem elas tinham se "encarnado") incessantemente as reconheceu e referiu-se a elas como tendo vindo daquele que Ele chamava precisamente de seu Pai. De modo que o "Senhor-Deus", que Jesus *também* era, deveria, para falar a verdade, ser tido por "*Filho* de Deus".

E já que descobrimos agora que Ele não era unicamente Deus vindo e oriundo de Deus Pai, mas "enviado pelo Pai" ("junto a Ele", indicará Jo 1,1), é realmente em sua própria qualidade de verdadeiro Senhor e de próprio Filho de Deus que nos fundamentamos para lhe aplicar o título de Messias-Cristo que, na tradição do povo de Israel, designava esta figura transcendente que se esperava ser enviada por Deus e sobre a qual acabara por se concentrar toda esperança dos fiéis de Israel.

Filho de Deus, Senhor, Cristo-Messias: estes três títulos estão estreitamente ligados à fé na ressurreição de Jesus. Para os cristãos, Jesus é, portanto, ao mesmo tempo homem – é realmente por isso que Ele conheceu a morte – e Deus?

Sim, e o que acabamos de dizer nos mostra claramente que, e por que, os cristãos foram levados a estimar que Jesus deveria finalmente ser reconhecido ao mesmo tempo como "verdadeiro Deus" ("Deus de Deus [...] verdadeiro Deus nascido do verdadeiro Deus" – professa ainda hoje em dia o Credo dos cristãos) e "verdadeiro homem", como sua morte tornara patente. Mas o resultado é que os fiéis cristãos foram elucidados, ao mesmo tempo sobre o próprio Jesus, mas igualmente sobre Deus e sobre o homem.

Sobre Deus primeiro. De fato, logo percebemos que se Deus só é Deus tendo um Filho, e se Ele não está dividido (neste caso Ele não seria mais Deus!), é porque o vínculo que une o Pai ao Filho e inversamente – a saber: este Espírito sobre o qual tanto nos fala o Evangelho de João – participa da sua divindade tornando-os um. Assim, fomos levados a confessar que o Deus que se revelou em Jesus não é "apenas Deus", mas "um único e mesmo Deus", precisamente ao mesmo tempo, enquanto Pai, Filho e Espírito Santo.

Em seguida, sobre o homem: os cristãos compreenderam que, se em Jesus o próprio Deus se revelou efetivamente, isso não pode ter sido feito sem que houvesse intenção da sua parte nem sem que houvesse um efeito sobre a humanidade pela qual Ele veio através de Jesus e em Jesus. Por que então e também *para que* Ele veio? A resposta é explicitamente formulada pelo Credo que os cristãos continuam professando: "Ele se fez homem para nós os homens e para a nossa salvação".

Mas Jesus não é apenas reconhecido como "ressuscitado"; Ele é professado e anunciado como "Salvador". O que significa este título e como Jesus pode ser um salvador? Mais profundamente, o que pode significar a "salvação" para a humanidade?

Salvação: eis uma grande palavra... Também é necessário dar explicações sobre este assunto[26]:

• Primeiro, salvação *do quê*? Podemos nos reportar aqui a uma fórmula utilizada pelo próprio Jesus. Àqueles que se surpreenderam por Ele ter curado um paralítico pecador porque achavam que não convinha a um "homem de Deus" sair desta maneira da "boa sociedade", constituída pelas "pessoas de bem", para ir ao encontro de marginais, desprezados e excluídos para mostrar-lhes consideração e lhes levar socorro, Jesus responde que Ele não "veio" por nada mais senão "buscar e salvar aquilo que foi perdido" (Lc 19,10;

26 Assim como a palavra "graça" utilizada mais acima, a palavra "salvação", também essencial ao vocabulário cristão, é frequentemente tida por dificilmente compreensível e, portanto, por praticamente inutilizável hoje em dia. No entanto, aqui também basta nos dirigirmos à fala mais corrente para encontrarmos os meios de frustrar essa pseudoevidência. A uma criança que lhe contava que um dos seus próximos, gravemente doente, estava "sem dúvida perdido", uma catequista (que me contou o ocorrido) colocou essa questão como resposta: "E o contrário de 'perdido', o que seria?" A resposta foi imediata: "Salvo!"

cf. Mt 15,24; 10,6). E Ele fecha o episódio do seu encontro com Zaqueu, o chefe dos publicanos, dizendo: "O Filho do Homem veio buscar e salvar o que estava perdido". Isso não poderia ser mais claro e todos podem compreender (mesmo sem acreditar!): a salvação e, portanto, o salvador que a traz, distinguem-se precisamente por tirarem da perdição. Eles se revelam no fato de que aquilo que estava perdido "é encontrado", aquilo que estava destinado à morte renasce e vive.

É claro, a vida mencionada é a do ser humano inteiro, corpo e alma, coração e espírito (senão não seria a salvação do homem!). E o mal e a morte que aí agem são, ao mesmo tempo, de ordem corporal e espiritual. Quando a grande súplica das litanias litúrgicas, cantadas durante as grandes celebrações da Igreja, pede a Deus "a libertação", ela especifica: "de todo pecado e de todo mal" – e finalmente: de toda morte! Correlativamente àquilo de que nos libertamos através da salvação, podemos explicitar *por que* o somos. Trata-se de uma vitória da vida ali onde estava a morte, de uma felicidade ali onde estavam o sofrimento e o mal, de uma santidade e de uma graça ali onde estavam a separação de Deus e o pecado. Positivamente, a melhor maneira de resumir o essencial é, sem dúvida, na ideia da plenitude da vida, em uma comunidade de graça com o próprio Deus.

• Salvação *como*, então? A partir do momento em que Deus toma a iniciativa de enviar em Jesus seu próprio Filho à Terra e na história dos homens para estabelecer e restabelecer a comunicação com a humanidade, o resultado é que a aliança está definitivamente selada, a via aberta e a ponte construída entre Deus e os homens. Ao longo dos séculos, as formulações adotadas para colocar isso em palavras são diversas, mas todas expressam a mesma fé e a mesma convicção: em Jesus, a vida venceu a morte em seu próprio terreno; a possibilidade do perdão foi decretada para qualquer falta e qualquer pecado; "a graça de Deus (definitivamente) se manifestou" (Tt 2,11).

• Salvação *para quem*, enfim? O que acabamos de explicar significa que a salvação aberta por Jesus é oferecida a toda humanidade e a cada um dos seus membros. A única condição será que cada pessoa se renda à salvação, de maneira real e livre, disponível e acolhedora, da maneira como ela puder, ou seja, em coerência com sua própria maneira de viver e compreender sua existência neste mundo. Pois o Deus que quis o homem livre jamais poderia constrangê-lo, mesmo que fosse para outorgar seus melhores dons!

Os teólogos cristãos dedicam-se a explicitar as modalidades possíveis da "abertura" que está sendo estudada aqui:

• Elas se realizam melhor ali onde é professado explicitamente, celebrado sacramentalmente[27] e vivido existencialmente o reconhecimento de Jesus Cristo como salvador.

• Mas elas supõem a renúncia à autossuficiência e ao fechamento sobre si mesmo; a abertura correlativa ao outro, e, através dele, a este Outro que "os homens chamam de Deus"; e, em tudo isto, a disponibilidade para deixar que se desdobrem em si as oportunidades de uma confiança total que, todo o resto tendo sido dito, poderia revelar-se desejável.

E, portanto, como ninguém pode ser *a priori* excluído da salvação que é proposta por aquele que se revelou em Jesus

27 Sobre os rituais cristãos chamados de "sacramentos" e considerados como algo que permite, quando se segue o caminho aberto por Jesus Cristo, entrar em comunicação de salvação e vida com Deus, cf. infra, p. 120-122.

Cristo como o Deus de todos os homens, temos fundamento para considerar que podem ter acesso não apenas aqueles que vivem segundo o primeiro tipo de abertura que acaba de ser indicada – os fiéis cristãos –, mas igualmente aqueles que, no melhor de suas possibilidades e em sua alma e consciência, esforçam-se em viver de acordo com o segundo: aqueles que foram chamados de "homens de boa vontade".

Como compreender o fato que este Filho de Deus salvador tenha tido que passar pela humilhação, a cruz e a morte?

É a questão que se impõe após tudo que acabamos de dizer. Nós certamente compreendemos agora que Jesus morreu porque os poderes públicos da sua época o condenaram ao destino então reservado aos agitadores políticos e/ou religiosos. Contudo, nós não podemos deixar de nos perguntar qual validade ainda possui essa explicação a partir do momento onde se descobre que Jesus não apenas foi enviado por Deus, mas é o próprio Filho de Deus vindo e "encarnado" em nossa condição humana.

Seria necessário – e será que podemos – levantar agora a hipótese de que o próprio Deus teria querido/quis um tal destino para o seu Cristo? Em todo caso, Paulo ousará afirmar que sim, já que Ele declara que "Deus não poupou seu próprio Filho" (Rm 8,32), fazendo eco, aliás, a essas surpreendentes passagens dos evangelhos onde vemos Jesus prevenir seus discípulos sobre o desenlace fatal ao qual sua aventura corre o risco de conduzir. Ainda mais surpreendente, chegaremos até mesmo a considerar que, não contente em consentir com a sua própria morte, Jesus a tenha desejado: "Minha vida, ninguém a tira de mim, mas eu a dou de mim mesmo!" (Jo 10,17-18; 13,1).

Seria preciso, no final das contas, compreender que a cruz e a morte de Jesus corresponderiam a uma vontade divina à qual Pilatos e os outros nada mais teriam feito senão servir como instrumentos inconscientes? É como se disséssemos que a cruz de Jesus e o Deus que a quis colocaram em evidência aquilo que chamamos de "grande Mistério", ou seja, algo que ultrapassa qualquer compreensão[28].

À vista disso, é claro, a seguinte questão se imporia: Mas *quem, então, é Deus* para ter escolhido se manifestar de uma maneira tão desconcertante? Seria necessário considerar, após tudo, que a questão que lhe diz respeito não é tão clara como pretendem aqueles que tomam sua existência como algo evidente, assim como para aqueles para quem interrogar-se a seu respeito seria algo totalmente incongruente?

Essa foi a resposta da fé cristã: sim, com certeza, Deus só pode ser poderoso e mesmo sendo todo-poderoso (senão Ele já não seria mais Deus!); seu poder é de uma ordem completamente outra daquilo que nós mesmos ainda consideramos como "poder", a saber: o poder e os meios do poder que trazem dinheiro, o domínio da ordem pública sobre seus semelhantes, os prestígios da fama, do sucesso, das honrarias etc. O poder mencionado aqui seria pura e simplesmente da ordem do amor. Do amor que não é *apenas* amor, ou seja: aquiescente e doado, portanto vulnerável e nada domina-

28 Nova "grande palavra" da fé cristã, o "mistério" não é uma realidade que seria inacessível ao conhecimento dos homens, mas "aquilo que ultrapassa todo conhecimento". Duas consequências: 1) só pode ser conhecido se ele tomar a iniciativa de se revelar; 2) é ainda maior quando revelado do que quando permanece "oculto", "escondido" (cf. Cl 1,25-29). Ter descoberto, com Pascal, que "o homem ultrapassa o homem" pode nos levar a descobrir que a Realidade à qual ele é chamado a se situar pode, *ela também*, ultrapassar, em muito, a ideia que ela já deu a seu próprio respeito.

dor; generoso e disponível, por conseguinte, renunciando a si mesmo para dar, pelo contrário, todo lugar ao outro... e *é exatamente nisto* que Ele é poderoso e até mesmo todo-poderoso!

Então, a cruz não deve ser compreendida apenas como um castigo infame e um suplício atroz?

O sentido da cruz e o da morte de Jesus na cruz seriam, de certa maneira, invertidos: não se trataria mais apenas de um castigo muito excruciante infligido pela capacidade de recusa e pela força de condenação dos homens, mas um poder misterioso finalmente capaz de se afirmar vitoriosamente contra os mesmos que tinham pretendido tudo dominar e submeter. Não se trataria de maneira alguma de uma fraqueza demissionária capitulando diante daquilo que tinha a pretensão de impor sua lei de bronze, mas de uma sabedoria inaudita, misteriosa, fazendo finalmente parecer derrisório e desprezível o que parecia ter sido imposto apenas com o prestígio da sabedoria, da ciência e do poder deste mundo.

Em todo caso, é isso que os cristãos ousaram ver na cruz e na morte de Jesus o Cristo – de todo modo, devemos ressaltar que isso foi evidentemente relido à luz da sua ressurreição! –, o elemento central e o próprio critério da sua fé, a ponto de eles terem conservado o "sinal da cruz" como seu emblema de distinção. É claro, ou deveria estar, que caso as coisas não tivessem se passado desta maneira, jamais teria havido cristãos ou cristianismo.

Teremos a oportunidade de voltar a falar sobre o fato de que os discípulos de Jesus com certeza se desviaram, na história, desta escolha original. Nem por isso a mensagem paulina deixou de ser transmitida entre eles de geração em geração: "Escândalo para os judeus, loucura para os pagãos, eu só quis conhecer, eu, um Cristo *crucificado*" (1Cor 2,2-5); "sendo Ele de condição divina, não se prevaleceu de sua igualdade com Deus, mas aniquilou-se a si mesmo, assumindo a condição de escravo e assemelhando-se aos homens. E, sendo exteriormente reconhecido como homem, humilhou-se ainda mais, tornando-se obediente até a morte, e morte de cruz. Por isso Deus o exaltou soberanamente e lhe outorgou o nome que está acima de todos os nomes" (Fl 2,6-9).

O senhor acha que este tipo de mensagem ainda poderia ser recebida hoje em dia?

Reconheço que a questão se impõe. Mas eu devolvo a pergunta com outra questão: Será que nossos contemporâneos podem ter certeza que as descobertas da ciência e os progressos das tecnologias, as luzes acumuladas da razão triunfante, da Modernidade e da Pós-modernidade, são suficientes e serão sempre suficientes para provê-los de uma sabedoria capaz de gerar ao mesmo tempo seus prodigiosos progressos e seus fracassos retumbantes, sua fome devoradora de reconhecimento e de poder e sua capacidade para realmente cuidar das provações, das prostrações e das misérias de tantos irmãos em humanidade?

Uma tal questão, devolvida como resposta, é colocada pela própria existência de Jesus e daqueles cristãos que efetivamente o seguiram: Onde está a verdadeira "sabedoria" e, finalmente, portanto, a verdadeira "humanidade"? Ali onde só nos reportamos ao conhecimento tão crítico e tão científico quanto possível, e a um poder cada vez mais insaciável, qualquer que seja o campo onde ele seja exercido? Ou ali onde aceitamos que há mais felicidade em dar e em se dar do que em tomar e possuir, em aceitar consentir judiciosamente do que em sempre querer tudo dominar?

Como negar que, para fazer crescer uma criança, para apaziguar certos sofrimentos muito pesados e muito íntimos e para carregar tantas questões humanamente insolúveis, há mais "poder" nas palavras e nos atos do amor do que em megatoneladas de todos os poderes que podemos imaginar? Como não ver que uma sociedade não pode ser e permanecer humana sem encontrar os meios para se comportar com benevolência e ir em socorro de todos esses marginais e "excluídos" e que a comunidade das pessoas deve realmente sair das preocupações de rentabilidade econômica, se ela quiser evitar um desastre total para diversas populações e, no final, a derrota total para o planeta inteiro?

E se tivermos admitido isso, quais consequências podemos tirar para aquilo que é suscetível a dar um verdadeiro sentido "humano" à vida? E, finalmente, para colocar um ponto-final na questão relativa àquilo "que os homens chamam de Deus"?

Acreditamos que os cristãos fizeram a sua escolha. No entanto, não é proibido pensar que isso também poderia ser porque os cristãos nem sempre foram (e ainda não são) suficientemente consequentes ao colocar esta escolha à obra de maneira efetiva e concreta em suas próprias vidas e que pode faltar credibilidade à sua "mensagem" relativa à cruz, à morte e à ressurreição de Jesus Cristo.

Qual ligação há justamente entre Jesus Cristo e a Igreja, que é considerada a entidade que reúne e une esses cristãos que o senhor acaba de mencionar?

Nós descobrimos juntos que Jesus veio ao mesmo tempo para anunciar e concretizar na história, entre os homens, uma obra de salvação cuja realização fez com que Ele se revelasse e fosse reconhecido pelos seus discípulos como Deus e Filho de Deus. Essa missão deveria comportar o estabelecimento de uma comunicação de vida e de graça com Deus passível de suscitar verdadeiros "filhos de Deus". Filhos adotivos, no entanto, porque se tornaram participantes da filiação plenária e única daquele que é "o Filho por excelência". A tradição cristã – que foi mantida e comunicada desde os primeiros séculos – exprime isso dizendo que os discípulos de Jesus Cristo podem tornar-se, cada um, "filhos no Filho", recebendo nada menos que "o Espírito" que une o Pai e o Filho e os torna um. Em sua Epístola aos Gálatas, Paulo declarará de maneira que não poderia ser mais clara: "Deus enviou seu Filho, nascido de uma mulher, para fazer de nós seus filhos!"

A identidade do Profeta Jesus, Messias, Filho de Deus e Salvador, leva a produzir, portanto, um fruto que vai além da personalidade de Jesus e do seu próprio destino, para abarcar, de uma maneira ou outra, o conjunto da humanidade e do mundo: através da graça e da adoção, cada ser humano pode tornar-se participante desta filiação que é, por natureza, a filiação de Jesus Cristo/Filho de Deus. Santo Irineu (nascido por volta de 140) não temeu deduzir daí que "se Deus se fez homem" em Jesus, é, nem mais nem menos, "para que os homens se tornassem Deus".

Podemos dizer que, globalmente, o fruto da vinda e do destino de Jesus é a Igreja? É por esta razão que ela é frequentemente apresentada como "o corpo do Cristo"?

Este fruto era, de fato, chamado a tomar concretamente a forma de um grupo, do qual Jesus seria reconhecido como

Senhor pela razão precisa de Ele ter se feito o servidor da salvação de cada um dos seus membros. E que constituem, efetivamente, através dos séculos e até hoje em dia, aqueles que se tornaram "cristãos":

- primeiro, respondendo, pela sua conversão efetiva, à boa-nova do Evangelho de Jesus Filho de Deus salvador;
- em seguida, participando da celebração dos sacramentos pelos quais estamos efetivamente integrados à comunidade dos fiéis;
- enfim, esforçando-se para apoiar e sustentar, cada um cuidando da sua parte, a comunicação e a união dos fiéis e celebrantes da fé cristã.

Este grupo é, de fato, aquilo que chamamos de Igreja, do substantivo grego *ekklêsia*, derivado do verbo grego *kaleô*/chamar. Dizemos tradicionalmente que Jesus Cristo deve ser considerado não apenas o Senhor deste grupo, mas também o pastor por excelência ou o (bom) pastor (Jo 10). Segundo um outro simbolismo, onde invocamos uma imagem que tem a vantagem de permitir a valorização de uma organização das "funções" e da articulação dos "membros", apresentaremos igualmente Jesus como a "cabeça" do corpo constituído em torno dele, precisamente a título de "membros", por aqueles que já se autonomeiam cristãos por sua causa.

4
POSTERIDADE

Se o reconhecimento de Jesus como Cristo e Salvador produziu um grupo de cristãos, podemos dizer que o cristianismo – falemos de maneira mais ampla: aquele que "segue" Jesus, aquele que depende dele – difere realmente dele?

A resposta é *sim* sem hesitação e chegaremos até mesmo a acrescentar que é essencial fazer a distinção entre os dois! Tanto quanto é importante honrar, como nós acabamos de fazer, o fato de que não podemos separar a vida histórica, e portanto a identidade pessoal de Jesus, do fruto efetivo da sua palavra, da sua ação e do seu destino, também é preciso nos darmos conta do fato de que, mesmo sendo estreitamente ligados, o pastor não é o rebanho, nem a cabeça, o corpo. O "*efeito* Jesus" não é o "*fato* Jesus".

Podemos começar lembrando que é necessário fazer a distinção entre "Jesus" e "Cristo". Se o primeiro termo designa o homem de Nazaré que percorreu as estradas da Palestina e morreu sobre a cruz em Jerusalém, o segundo remete à realidade misteriosa e de natureza propriamente divina que, carregando a humanidade de Jesus e o animando em toda sua existência histórica, ligava-o a Deus, até Ele próprio tornar-se Deus. De modo que, em "Jesus Cristo", é importante distinguirmos um elemento *divino* e um elemento *humano*. A Tradição cristã fala aqui das "duas naturezas" de Jesus Cristo, natureza divina de um lado, natureza humana de outro. Realmente *distintas*, elas "funcionam", no entanto, em tudo "sem divisão nem separação", pois elas são *unidas* a ponto de constituir "uma única e mesma pessoa", capaz de realmente dizer "eu". E, portanto, capaz de, por um lado, assumir plenamente uma humanidade semelhante àquela de cada um dentre nós e, do outro, de investir na vida histórica e no destino desta humanidade toda a dinâmica da existência do próprio Filho de Deus.

Como distinguir a Igreja de Jesus se ela é o "corpo do Cristo"?

O *status* da Igreja é completamente diverso do de Jesus, e isso vale também, de maneira ainda mais premente, para o *status* do cristianismo, compreendido como todo o conjunto civilizatório e institucional efetivamente ligado a Jesus Cristo através dos séculos. Nem a primeira nem o segundo possuem coisa alguma de divinos.

A própria Igreja, vamos insistir sobre este ponto, é uma realidade puramente humana. Mesmo quando a fé que ela anuncia e os sacramentos que ela confere fazem seus membros aceder à vida deste Deus de quem eles podem se tornar filhos graças à via da salvação aberta por Jesus Cristo, trata-se aqui de uma realidade que é da ordem da pura graça, ou seja, um dom divino totalmente gratuito, enquanto que em Jesus Cristo ela considera a dimensão propriamente divina do seu ser.

Não podemos deixar de acrescentar que, ao longo de toda a história, aconteceu, de maneira bastante frequente, que os membros da Igreja do Cristo, inclusive alguns dentre seus responsáveis, "traíssem seu mestre", como foi o caso de Judas (Mt 10,4; Mc 3,19; Lc 6,16) ou até mesmo de "renegá-lo" (mesmo que tenha sido apenas durante um momento) como fez Pedro que é, no entanto, o "primeiro" dos apóstolos (Jo 18,17-27). Ademais, é preciso reconhecer que, ao longo de vinte séculos que conduziram até nós, foram muitos que, de um lado, tiveram comportamentos triunfais e compromisso com os poderes estabelecidos e, de outro, atitudes clericais cuja característica principal foi a pretensão em regulamentar as mentalidades, até mesmo as consciências! A ambiguidade do termo "cruzadas" pode aqui fornecer uma ilustração sugestiva[29]. A intenção primeira foi a de libertar o Santo Sepulcro em Jerusalém, ou seja, o lugar onde Jesus tinha sido enterrado, das ameaças que pesavam sobre o local devido à ocupação dos muçulmanos. Infelizmente, desenvolveu-se um espírito guerreiro de reconquista e de hostilidade declarada que conduziram a excessos de toda ordem que terminarão por marcar as mentalidades em detrimento do conjunto da aventura.

Mas "o cristianismo" não se reduz à Igreja!

Podemos dizer que aquilo que designamos pela palavra cristianismo, compreendido da maneira como acabamos de pormenorizar, veiculou, ao mesmo tempo, um conjunto de valores, de traços constitutivos de uma grande civilização e

29 Cf. DORÉ, J. *À cause de Jésus!* – Pourquoi je suis demeuré chrétien [Por causa de Jesus! – Por que permaneci cristão]. Paris: Plon, 2011, cap. 7: "La rude expérience de l'histoire" [A rude experiência da história].

de um espírito, um fluxo de representações e, finalmente, uma visão do mundo que cada vez mais teve tendência a ter sua autonomia para com a inspiração cristã onde eles tiveram a sua origem... até perder consciência daquilo que eles podiam efetivamente dever a essa inspiração. Para sermos sucintos, vamos citar apenas: o reconhecimento do valor imprescritível de todo ser humano, não importa quem seja, a afirmação do primado do amor e do serviço em todo comportamento humano, a avaliação *a priori* positiva de tudo aquilo que é ("e Deus viu que aquilo era bom"!), a ideia que a história não é nem um perpétuo recomeço nem um inelutável processo de decadência, mas uma dinâmica viva que liga quase necessariamente o futuro ao progresso etc.

De um lado, afastamento, e, em seguida, vontade de tomar distância; de outro, desfiguração, e até mesmo traição, não impediram que pessoas e instituições historicamente oriundas do "fato Jesus" e marcadas por Ele a ponto de constituir aquilo que chamamos "o cristianismo" transmitissem a mensagem evangélica! Ora, Jesus foi anunciado de maneira ininterrupta, assim como seu ensinamento, seu comportamento e seu destino; isso sempre forneceu amplamente e fornece ainda matéria para criticar e, se necessário, denunciar tudo aquilo que pretende levar o nome de "cristão". Através de toda a história cristã, os fundadores das ordens religiosas e os santos em geral não se privaram de fazê-lo! Será que existem realmente tantas outras instituições que, mesmo nos piores momentos da sua infidelidade à sua inspiração primeira, não cessaram de transmitir exatamente aquilo em nome do que eles poderiam ser questionados ou interpelados, colocando-os face a face diante do seu fundador, diante, portanto, da sua própria missão e da sua própria identidade, já que estas só dependem dele?

Qualquer que seja a diferença que é preciso reconhecer entre Jesus Cristo e tudo aquilo que veio depois dele, é um fato que, dentre aqueles que o cercavam, alguns foram encarregados de falar e de agir em seu nome, de representá-lo de certa forma. Em nome de quem e de qual modo eles estão fundamentados a fazê-lo?

Um escrito do Novo Testamento, a Epístola aos Hebreus, redigida por volta dos anos 80-90, apresenta Jesus, nem mais nem menos, como "o único Mediador entre Deus e os homens". Nós somos convidados, através dessas palavras, a compreender que Ele é o único na humanidade a ser ao mesmo tempo Deus e homem; mas ao mesmo tempo nos é ensinado que a salvação que Ele veio trazer é oferecida a todos os homens. Ora, a "unicidade" de Jesus a título da sua identidade pessoal e do seu significado para a salvação de todos não vale apenas para aqueles que ainda não se beneficiaram da sua salvação. Ela se verifica também e, até mesmo, primeiro, no quadro do próprio grupo cristão, no seio da Igreja constituída por aqueles que se tornaram cristãos! Nesta Igreja, nada nem ninguém pode fazer concorrência ao papel de Jesus Cristo, muito menos pretender substituí-lo. Tudo aquilo que é recebido, vivido e promovido pelos cristãos é "por Ele, com Ele e nele", como diz o final da grande oração da missa.

O papa não é o sucessor de Jesus, mas o sucessor de Pedro, que não era nem um outro Jesus nem um outro Cristo, mas o enviado (apóstolo) de Jesus Cristo... e seu representante *até um certo ponto* apenas, já que ele era inteiramente submisso à senhoria única de Jesus Cristo. E se foi assim com

Pedro e com todos seus sucessores até hoje, isso é ainda mais forte para esses outros enviados, representantes e/ou – vamos soltar a palavra – "ministros" da Igreja que são os bispos, os padres e os diáconos.

Certo, já aconteceu que a Igreja Católica, em seu aparelhamento institucional e particularmente entre alguns de seus responsáveis, cedesse à tentação do clericalismo e até mesmo do triunfalismo, que por vezes inclinam as "pessoas da Igreja" a apresentar-se como únicos detentores da verdade e a pretender que devem ser reconhecidos como tais. Mas isto era derivado de Jesus; não foi uma missão recebida dele, portanto, merece sempre ser denunciada. É exatamente o que aconteceu, por exemplo, com São Francisco de Assis e Santa Catarina de Sena, que interpelaram o papa em suas respectivas épocas. É nesse sentido também que o conjunto da hierarquia católica pronunciou-se no Concílio Vaticano II (1962-1965). É isso ainda que sempre inspira a atitude e as intervenções feitas pelo Papa Francisco.

Se eles são os representantes de Jesus, em qual sentido podemos dizer que os ministros da Igreja podem falar e agir em seu nome? Eles são juízes da conformidade dos cristãos à mensagem de Jesus? Qual é exatamente o seu papel?

Os ministros da Igreja não devem ensinar suas próprias ideias, nem uma verdade ou uma visão das coisas que eles mesmos teriam construído a partir de Jesus ou de quem ou do que seja, mas a ensinar o Evangelho de Jesus Cristo ao qual eles são, primeiro, convidados a aderir e a se conformar. E se eles pretendem que, através dos sacramentos que eles celebram, é a graça e finalmente a vida de Deus que eles conferem àqueles que se dirigem a eles, eles devem primeiro e sempre recebê-las por si mesmos. Eles só estão a serviço da comunicação desta vida enquanto ela vier de um Outro que é Deus e enquanto, através deles, ela for feita para ir na direção de outros que não lhes são submetidos. Enfim, se a partir daí eles pretenderem exercer na humanidade uma tarefa de união, portanto, de "conduta" e de "governo", esta só terá pertinência 1) do ponto de vista e na ordem da fé, 2) com a condição de fazer apelo à liberdade de cada um daqueles aos quais ela se dirige e 3) com o objetivo de servir à unidade de todos os fiéis e, tanto quanto possível, de todos os homens.

Ensinamento da doutrina, celebração dos sacramentos, responsabilidade "pastoral": não importa qual seja a sua posição, os representantes e ministros da Igreja que são chamados a desdobrar sua ação precisamente nestes três campos só podem autenticamente reclamar pertencer a Jesus Cristo se eles se apresentarem como tendo realizado um serviço capaz de ser reconhecido ao mesmo tempo como específico dentre todos os outros[30] e como benéfico para a vida dos homens.

Um Bossuet, no século XVII, pôde dizer que a Igreja é "Jesus Cristo difundido e comunicado". É preciso compreender, no entanto, que nenhum daqueles que vêm após Jesus Cristo é, na Igreja, destinado a pretender substituí-lo no que quer que seja. É apenas devido às condições e segundo as modalidades extremamente precisas que eu venho lembrar rapidamente, mas expressamente, que os ministros da Igreja são chamados e habilitados a "representá-lo".

---

30 Lembremos que *ministère* ("ministério") e *métier* (ofício, "profissão") são etimologicamente próximos. Aos dois, o aspecto de "serviço" é essencial.

A relação sobre a qual acabamos de falar entre Jesus e aquilo que Ele suscitou depois dele – sua posteridade – não evoluiu através dos séculos? Podemos distinguir eventuais etapas?

Em todo caso, convém separarmos aquilo que chamamos a "geração apostólica". Apenas aqueles que conviveram com Jesus "nos dias da sua carne" (Hb 5,7) e o "reviram vivo" tinham como dar um testemunho direto sobre Ele. Eles foram os únicos a terem tido os meios de poder relatar um contato imediato com aquele cuja vida, morte e ressurreição estão no fundamento e no coração da fé cristã. É assim que via as coisas o signatário da Primeira Epístola de São João: "Aquilo que era desde o início, aquilo que nós ouvimos, aquilo que nós vimos com nossos olhos, aquilo que contemplamos, aquilo que nossas mãos tocaram [...], nós vos anunciamos para que vós também estejais em comunhão conosco" (1,1-4).

É igualmente em função disso que, a propósito da ressurreição de Jesus, nós dependemos do "testemunho apostólico", como foi dito acima, ressaltando que o Credo ainda usado aos domingos entre os cristãos confessa que a Igreja não pode ser "una, santa (e) católica" sem ser igualmente "apostólica".

Durante um tempo muito curto – uma ou duas gerações – sem terem encontrado Jesus em pessoa, aqueles que o reivindicavam ainda podiam dirigir-se aos seus predecessores que o tinham conhecido. Eles puderam, portanto, interrogá-los quando desejavam esclarecer esta ou aquela questão a seu respeito. Temos um bom exemplo no que escreveu o Evangelista Lucas para introduzir seu próprio "testemunho": "Muitos empreenderam compor uma história dos acontecimentos que se realizaram entre nós, como no-los transmitiram aqueles que foram desde o princípio testemunhas oculares e que se tornaram ministros da Palavra. Também a mim me pareceu bem, *depois de haver diligentemente investigado tudo desde o princípio*, escrevê-los para ti segundo a ordem, excelentíssimo Teófilo, para que conheças a solidez daqueles ensinamentos que tens recebido" (Lc 1,1-4).

De qual maneira e por quais meios as pessoas puderam continuar a se referir a Jesus depois desta época dos testemunhos diretos e depois daqueles que os conheceram?

Desde o início do século II d.C., mais ninguém podia dizer que tinha tido contato direto com Jesus durante o tempo da sua existência terrestre até a sua morte. Como procederam, então, quando surgiram várias novas interrogações a seu respeito? Interrogações que se mostraram ainda mais novas e que foram se acumulando quando a missão e a evangelização cristãs, progredindo desde os anos 40-50, em particular com São Paulo, deixaram o terreno judaico que foi o da primeira confissão de fé cristã, para abordar o da sociedade e da cultura gregas.

Os historiadores da doutrina cristã mostraram que a cada vez, através dos primeiros séculos cristãos (por volta dos séculos II-VII), quando era colocada uma questão relativa a Jesus, para resolvê-la recorria-se a uma argumentação do tipo soteriológica. Ou seja, baseando-se naquilo que havia sido revelado na etapa anterior relativa à vida, morte e ressurreição de Jesus e relativo, finalmente, ao reconhecimento da sua filiação divina, sempre foi escolhida a resposta que melhor parecia garantir a salvação dos homens pelos quais Jesus viera, como havia sido descoberto.

Por exemplo, quando, no contexto gnóstico[31], foi perguntado se Jesus tinha tido um "corpo de verdade", basearam-se no testemunho daqueles que o "viram, ouviram e até mesmo tocaram". Mas também ressaltaram que, caso Ele só tivesse tido efetivamente um corpo "de aparência", a salvação que trouxe consigo não diria de modo algum respeito ao ser humano, mas apenas "à alma" ou "ao espírito". Ora, é essencial para toda a perspectiva bíblico-cristã valorizar o corpo, pois ela o toma como essencial à identidade humana como tal: ela deveria, portanto, considerar que uma salvação que não dissesse respeito ao corpo não seria verdadeiramente uma salvação.

Foi o mesmo tipo de argumentação usada quando vieram e se perguntaram se, sendo ao mesmo tempo verdadeiro Deus e verdadeiro homem, Jesus Cristo era "verdadeiramente um"; em seguida, diante da afirmativa, se ainda havia nele uma verdadeira "distinção sem separação" entre o divino e o humano etc.

Tais debates, chamados "cristológicos", já que eles dizem respeito precisamente a Jesus "como Cristo", desenvolveram-se ao longo dos primeiros séculos da Igreja, período que designamos como o da "grande Tradição eclesiástica". Eles foram conduzidos por esses grandes teólogos, bispos na maior parte das vezes, que chamamos de "Padres da Igreja", de Inácio de Antioquia, passando por Irineu de Lyon no século II até chegarmos a Isidoro de Sevilha (636) no Ocidente e João Damasceno (749) no Oriente. A partir destes debates, foram formulados posicionamentos claros (falamos tecnicamente de "definições") durante as reuniões dos bispos chamadas de

31 Cf. supra p. 16, nota 3.

"concílios": Niceia (325) e Constantinopla I (381), em seguida Éfeso (431) e Calcedônia (451) e novamente Constantinopla II (553), Constantinopla III (680-681) e Niceia II (787). Esta é a lista dos sete primeiros concílios ditos "ecumênicos"[32], cujo ensinamento foi, antes de tudo, consagrado a definir a fé cristã relativa precisamente a Jesus Cristo.

É significativo também que os dois primeiros desses concílios tenham levado a ser redigido um "símbolo da fé" (ou seja, uma fórmula de acordo sobre a fé) que nunca mais foi retocada e que continua em uso na liturgia da missa dominical (até hoje em dia ela é chamada de "símbolo" ou "credo" de "Niceia-Constantinopla"). E é significativo ainda que estes sete concílios continuem sendo reconhecidos e professados em comum por todos os membros das diversas partes da Igreja que iriam acabar por se diferenciar em seguida: ortodoxia de um lado (a separação sendo selada em 1453) e protestantismo de outro (a partir do século XVI com Lutero, Calvino e os outros teólogos da reforma protestante).

Tendo sido concluída esta segunda grande etapa – após, portanto, o século VIII –, havia ainda questões a serem colocadas sobre a identidade e a mensagem do Cristo? A maneira de se referir a Jesus Cristo e de se pronunciar sobre sua identidade variou ou evoluiu?

O período que se seguiu – vamos dizer: a partir da Alta Idade Média – comportou algumas interrogações, discussões e posicionamentos relativos a Jesus Cristo; mas ao sairmos

32 Eles são qualificados como "ecumênicos" na medida em que eram constituídos por bispos oriundos da *oikouménê*, ou seja, do conjunto daquilo que era considerado então como a "terra habitada" (do grego *oikos*/casa).

da Idade Média deixamos, evidentemente, não apenas a época fundadora representada pelo Novo Testamento, como também o período da grande Tradição eclesiástica – a dos primeiros séculos cristãos – que tinha sido incumbida de levar à mensagem do Novo Testamento sobre Jesus as explicações exigidas pela passagem do contexto judaico das origens ao vasto universo, tão diferente, da cultura grega.

Através de toda Idade Média e graças à teologia escolástica[33] que será desenvolvida, seguida pelo período das contestações e contrapropostas da Reforma e da época das Luzes, chegamos, no século XIX, à abordagem tornada possível pela ciência histórica que estava se tornando cada vez mais aperfeiçoada. Essa última deveria orientar, sobre novas bases, o conjunto da reflexão teológica. É evidentemente sobre elas que nós lançamos nosso diálogo nesta obra, já que elas definem nossa própria situação, quando colocamos, hoje em dia, por nossa vez, a questão sobre "Jesus e Jesus Cristo".

A maneira pela qual, através dos séculos, os cristãos evocaram a figura de Jesus não foi apenas de ordem intelectual (doutrinária e dogmática), ela foi também de ordem artística, estética. Existem nessas representações momentos característicos?

Os primeiros séculos cristãos não representaram Jesus em imagens esculpidas ou pintadas. Isso foi, sem dúvida, consequência da tradição judaica de não fazer uma "imagem esculpida" de *Yahvé*-Deus (Ex 20,4) que o rebaixaria à categoria de "ídolo", levando ao risco das práticas supersticiosas.

---

33 Teologia da "escola", ou seja, da universidade, instituição original criada no século XIII. Influenciada pelo pensamento aristotélico, ela se quer científica, ela racionaliza, debate, "disputa" e argumenta.

Em contrapartida, muito cedo recorreram à linguagem, à escritura e à música para expressar o mistério de Deus e dirigir-se a Ele utilizando o modo da celebração, do louvor, da súplica etc. através dos "salmos, hinos e cânticos" (Ef 5,19) conduzidos pelos instrumentos de sopro e de cordas da época. Na tradição ortodoxa oriental, logo chegaremos à arte específica do ícone, concebido como uma representação, ela mesma digna de veneração, dos mistérios da vida do Cristo e dos santos.

Não foi por acaso que tivemos que aguardar o final do século III para vermos aparecer representações artísticas pintadas ou esculpidas de Jesus Cristo. Mais discretas de início, elas se multiplicaram de maneira acelerada quando, a partir do século IV, uma arte cristã específica começou a se desenvolver em um outro campo, o da arquitetura.

Quando antigas resistências despertaram, todo um movimento dito iconoclasta, ou seja, "destruidor de imagens", logo se desenvolveu e tomou tal amplitude que foi necessário recorrer a um concílio, o sétimo ecumênico: Niceia II (787). Ele se pronunciou firmemente contra a iconoclastia e a favor da confecção dos ícones, indicando as condições e as modalidades da sua veneração.

Então, se a tendência era a de não representar Jesus, como explicar o fato de que a sua representação tenha se tornado corrente?

Havia uma motivação doutrinária forte para tal evolução. Já que a fé cristã proclama a vinda do Filho de Deus "na carne" e sua "encarnação" no mundo, ela professa, como continua dizendo o prefácio, ou seja, a grande oração da missa de Natal, que o Deus por natureza invisível se tornou, no entanto, "visível aos nossos olhos" em Jesus. Já que ela acredita que as palavras de Jesus eram palavras do próprio Deus, e os seus atos, atos do próprio Deus, a tal ponto que, a uma pergunta do seu discípulo Felipe, Jesus respondeu: "Quem me viu, viu também o Pai" (Jo 14,8-9) – já que, sim, ela se expressa desta maneira, tudo estava imbuído desta fé em representar, através das diferentes artes plásticas, a figura física do "verdadeiro homem" que foi Jesus; e, portanto, em representar os diversos episódios da existência "deste homem" que, na sua época, pôde não apenas ser efetivamente escutado, mas visto e até mesmo tocado.

Podemos distinguir os grandes tipos na representação artística de Jesus ao longo de dois milênios "após Jesus Cristo"?

A tarefa seria imensa; nos contentaremos, portanto, em evocar alguns grandes tipos.

Os inícios são modestos, pois eles se situam nas catacumbas romanas. A imagem que parece ser privilegiada é a de um jovem pastor. Não foi necessário, no entanto, aguardar muito tempo (podemos sonhar com os esplêndidos mosaicos de Ravena, de Monreale etc.) para ver eclodir e brilhar as representações da glória do Ressuscitado nas cúpulas e tímpanos bizantinos e através de toda arte oriental/ortodoxa do ícone: Pantocrator, Majestas Domini etc.

Durante toda a Idade Média, nos apegaremos cada vez mais à representação dos diferentes mistérios da vida de Jesus por meio da reprodução das cenas evangélicas, desde a Anunciação e a Natividade até às aparições pascais. Os séculos XIV e XV insistirão com prazer nas marcas daquilo que podemos chamar de autenticidade humana de Jesus Cristo, a saber, os sofrimentos da Paixão: condenação, flagelo, caminho da cruz, crucifixão...

Diversos artistas se esforçarão em sugerir, da melhor maneira possível, o mistério humano-divino da personalidade singular de Jesus, de Giotto e Fra Angelico a Rembrandt passando, por exemplo, por Mantegna e El Grecco.

À aproximação da época contemporânea, o interesse recairá sobre a infância de Jesus (frequentemente tratada com uma sensibilidade um pouco piegas) e, por outro lado, sobre o suplício do Gólgota onde sua cabeça foi coroada com espinhos (o crucifixo) e o coração trespassado (o "Sagrado Coração").

Será suficiente mencionar Rouault (1871-1958) de um lado, e Arcabas (1926-2018) de outro, para permitir que ressaltemos a permanência do interesse pela figuração de Jesus Cristo até hoje em dia, tanto através da pintura e do vitral quanto através da escultura e da ourivesaria.

Tudo que acabamos de dizer tende fazer surgir uma continuidade entre Jesus e aquilo que Ele suscitou. No entanto, vinte séculos nos separam desta figura histórica! Existe, para os homens de hoje em dia, meios para encontrarmos o acesso a Ele? E, se este for o caso, independentemente até mesmo do intermédio da fé cristã?

Não podemos negligenciar este "fosso terrível" evocado por Lessing (1729-1781), mesmo que, mais próximo de nós, um outro grande filósofo, Kierkegaard (1813-1855), possa estimar haver uma verdadeira possibilidade de contemporaneidade com Jesus.

Poderíamos pensar que as relíquias, como a coroa de espinhos (colocada em sinal de desprezo sobre a cabeça de Jesus no momento do seu processo) que São Luís teria trazido da sua cruzada na Terra Santa e para a qual foi construída a

Sainte-Chapelle de Paris, ou o pedaço de madeira da verdadeira cruz que Santa Helena teria descoberto durante as escavações levadas a cabo no Gólgota no século IV, ou ainda o santo sudário de Turim apresentado ainda hoje em dia, a cada ano, aos fiéis, poderiam permitir um "encontro" com Jesus. Podemos estar dispostos a não tomar *a priori* essas relíquias como suspeitas ou como tendo sido fabricadas, podemos até mesmo estar inclinados a tratá-las com toda a consideração suscitada por uma longa tradição de veneração para com elas; devemos reconhecer, no entanto, que com elas permanecemos muito longe deste homem que, como dissemos, "deixou esta vida", que "ressuscitou dentre os mortos, subiu aos céus e sentou-se à direita de Deus", como confessa o Credo!

Podemos evocar aqui o próprio relato evangélico: talvez eles tenham visto o túmulo vazio e visto os panos brancos nos quais seu corpo tinha sido envolvido, "mas a *Ele* mesmo não viram!" (Lc 24,24). A questão se coloca de maneira ainda mais pertinente para nós: De quais meios dispomos realmente para que possamos esperar ter acesso a Ele, até mesmo "encontrá-lo"?

Já mencionamos a contribuição da *pesquisa histórico-crítica* e os mais importantes resultados aos quais, em nossa época, ela nos permite ter acesso.

Relativo, primeiro, à existência, ao ensinamento, ao comportamento, à personalidade e ao destino de Jesus, mas também à maneira como Ele foi encontrado e compreendido, em seguida anunciado por aqueles que foram suas testemunhas oculares, esses resultados parecem ser consideráveis. Sobretudo se os compararmos com aquilo que sabemos com certeza sobre, por exemplo, o filósofo Sócrates ou Gautama o Buda.

Mas nem por isso devemos deixar de admitir que tal acesso ou contato permanece indireto! Como acontece com todas as personagens do passado, jamais um conjunto de conhecimentos pode equivaler à experiência viva de um encontro de pessoa a pessoa!

Evidentemente não se trata para mim de negar esta evidência. Mas ela só me incita a ressaltar de maneira ainda mais contundente que, mesmo diante de todos os precedentes, nem tudo já foi dito em matéria de possibilidade de relação ou de contato com Jesus, hoje em dia. Uma segunda maneira de entrar em relação com a "realidade de Jesus" pode resultar da referência que continuamos podendo fazer intelectualmente e viver existencialmente, aos valores e ideais, às regras da vida e da compreensão global da existência humana que podemos reconhecer como tendo sido muito amplamente iniciadas por Ele em nosso campo de civilização.

Que a vida seja um dom gratuito diante do qual devemos ao menos nos surpreender e maravilhar, que toda pessoa seja digna de respeito e de atenção, que os pequenos, os pobres, os enfermos, os prisioneiros merecem acompanhamento e apoio privilegiados, que todos aqueles que estão sempre correndo o risco de serem esquecidos ou rejeitados sejam, pelo contrário, levados em conta e valorizados, que até mesmo o inimigo deva, de uma maneira ou outra, ser amado, que o perdão possa ser dado "até setenta vezes sete" (Mt 18,22), que o verdadeiro mal esteja no coração do homem, mas que, apesar de tudo, seja possível afastar-se, que a esperança jamais esteja morta, que a verdadeira felicidade seja dar e se dar, que a única verdadeira grandeza e a única verdadeira honra sejam não se servir ou ser servido, mas servir etc.: esforçar-se para viver e colocar tudo isso em prática faz com que estejamos efetivamente em relação com Jesus já que, em nosso espaço cultural e civilizacional, em todo caso, isso chegou até nós através dele. Não é preciso ser ou tornar-se cristão para reconhecer essa evidência.

Certamente, muitos outros sábios, profetas, moralistas ou humanistas puderam ensinar e viver um certo número desses valores ou ideais; é claro também, e não poderíamos negá-lo, que, para um certo número desses elementos, Jesus é devedor da sua própria tradição judaica. Mas o problema não é apenas que nas obras de determinado autor, em tal corrente, em tal época e em tal tradição, encontremos aqui e ali um ou outro elemento e que, portanto, devemos reconhecer que outros, além de Jesus, puderam e podem também nos esclarecer e nos ensinar. O que conta é o fato de que tudo isso seja simultaneamente encontrado em Jesus e nos tenha efetivamente sido transmitido a partir dele e continue a nos ser acessível após sua passagem na Terra, seguindo sua linha e caminhando sobre seus passos.

Mas o senhor dizia mais acima que Jesus não trouxe apenas um ensinamento moral! Que aqueles que o reconheceram e o reconhecem como Cristo afirmaram e afirmam que Ele abriu aos homens uma/a via da salvação! Como aqueles que acreditam nisso veem essa outra modalidade de acesso a Jesus e de relação com Ele?

Uma terceira via se oferece de fato àqueles que hoje em dia estão em busca de um encontro com Jesus, a saber, aquilo que chamamos de sacramentos da Igreja. Os cristãos católicos não creem simplesmente que Deus está tão bem disposto para com eles que tenha considerado a possibilidade de um dia fazê-los aceder a uma vida imortal em sua presença; eles professam que, através da fé e do batizado em que mergulham ritualmente na morte-ressurreição de Jesus Cristo, tornam-se "filhos (adotivos) de Deus" e, portanto, podem também dirigir-se e confiar-se a Ele como ao seu Pai. Eles não creem apenas que Deus não irá mais levar em conta suas faltas; eles professam que na celebração sacramental do perdão, elas serão "destruídas/abolidas" (Hb 9,26). Eles não creem apenas que Deus se preocupa com eles e vela sobre eles; eles professam que, na celebração do pão e do vinho, chamada eucaristia, eles "comungam" a própria vida de Jesus Cristo já vitorioso sobre toda morte e todo mal.

Ninguém é evidentemente obrigado a admitir tudo isso e não há por que esconder que apenas um percurso de confiança e fé motivadas pode permitir aqui uma verdadeira adesão. Mas aqueles que efetivamente decidiram "seguir" Jesus Cristo até este ponto estimam poder dizer que eles fazem a experiência de encontrá-lo não mais apenas como uma figura de prestígio de um passado que, de muitas maneiras, já lhes trouxe muito, mas como um ser *vivo*. Tão vivo que um Paulo – seguido por tantos outros – avaliou poder declarar: "Porque para mim o viver é... o Cristo!" (Fl 1,21). Os fiéis finalmente não possuem nenhuma outra razão decisiva para serem cristãos além desta experiência e desta convicção. Devemos acabar com a ideia de que "acreditar em Deus" é uma obrigação imposta ou uma exoneração consentida. Para aqueles que creem no Deus revelado e encarnado por Jesus, a fé não é uma incongruidade ou um tédio a mais na existência, mas uma luz, uma força, uma felicidade – uma graça.

Seria inoportuno ou supérfluo pormenorizá-lo? Eu acredito poder dizer que é precisamente esta razão que ajuda os fiéis cristãos a sobrepujar os motivos que por vezes poderiam levá-los a não mais ser cristãos (ou a não permanecer cristãos)[34].

Os cristãos e o cristianismo não são os únicos na história da humanidade a propor um acesso a Deus, uma via e valores morais e um caminho da salvação. Para falar a verdade, todas as religiões do mundo consideram-se fundamentadas para fazer propostas nestes três campos. Isso não causa problemas àqueles que reclamam pertencer a Jesus Cristo?

Na medida em que ela reconhece Jesus como Cristo, portanto como o Messias, é antes de tudo na ordem do messianismo, no sentido mais amplo do termo, que a religião cristã pode e deve aceitar ser interpelada por outras religiões e a partir daí ser levada a determinar suas próprias posições e a ajustá-las no diálogo e no debate. A questão já tinha sido colocada ao próprio Jesus: "Sois Vós aquele que deve vir, ou devemos esperar por outro?" (Mt 11,3).

No entanto, sejamos realistas: Quem, hoje em dia, aguarda um messias? Quem ainda aguardaria *o* Messias? Certo, a linguagem conserva sinais de uma tal eventualidade: Não dizemos que alguém pode ser "aguardado como o Messias"? Por enquanto, é forçoso reconhecer que não "acreditamos" mais nisso e frequentemente temos a consciência de nos situarmos no registro de um puro imaginário.

Podemos, da mesma maneira, evitar nos perguntarmos o que faz com que esse modo de nos expressarmos continue a fazer sentido entre nós? – "homem providencial", "líder

---

34 Cf. DORÉ, J. *Être catholique aujourd'hui. Dans l'Église du pape François* (Ser católico hoje – Na Igreja do Papa Francisco]. Op. cit. • *Peut-on vraiment rester catholique?* [Podemos realmente continuar sendo católicos?]. Paris: Bayard, 2012.

carismático", "salvador do povo", "Paizinho dos povos": não foi apenas no Império Soviético do século passado nem nas Áfricas tradicionais ou contemporâneas que, pelo menos no plano político, a "ideia messiânica" conseguiu abrir caminho... com os consequentes resultados problemáticos em todos os casos.

Certamente, mas falamos aqui do campo político. O que dizer da questão religiosa? A questão se coloca, é claro, primeiro a respeito do judaísmo...

É evidentemente na ordem religiosa que a figura do Messias e a noção do messianismo conservam seu sentido. E neste campo, uma e outra continuam sendo ativamente cultivadas pela fé judaica, alimentada pela leitura dos profetas de Israel, que anunciam para os fins dos tempos a vinda do "Rei-Messias", este enviado do Altíssimo que deveria aparecer "sobre as nuvens do céu" como Juiz supremo de todos os povos e como soberano Salvador dos justos beneficiários da sua aliança. A convergência entre fiéis judeus e cristãos confessos é patente aqui: uns e outros identificam-se finalmente com o Cristo-Messias. Eles se diferenciam, contudo, claramente no fato dos primeiros estimarem que este Messias só deve ser aguardado no final da história humana (cuja vinda marcará o término), enquanto os segundos professam que "no tempo fixado", em Jesus Cristo e, portanto, no coração da história, e sob a figura de um crucificado, já se manifestou.

A questão central – poderíamos, com toda justiça, dizer "crucial" – é a seguinte: o Messias, ao mesmo tempo salvador e divino, é mais crível se Ele trouxer para os homens a salvação e manifestar ao mundo sua glória divina coroando *em seu final* uma história que Ele só terá visto e conduzido "do alto dos céus" – visão judia – ou tendo vindo *no coração da história* dos homens para compartilhar seus sofrimentos e a sua morte, a fim de vencer esses últimos no seu próprio terreno – visão cristã?

Paulo, judeu que se tornou discípulo de Jesus Cristo, tinha claramente decidido em favor de um "Messias crucificado". Ele o fez, vamos repeti-lo, com a consciência de que *só* poderia haver aí "escândalo" para os crentes da fé judaica" e que os defensores da sabedoria grega *só* encontrariam aí "loucura" (1Cor 1,23).

Apenas podemos remeter àquilo que foi dito mais acima a respeito da compreensão cristã da cruz do Cristo como revelação de Deus. Contudo, é possível acrescentar que cabe aos judeus estimar que, se eles não puderem, como judeus, admitir que o homem de Nazaré possa ser o Messias, talvez quando Ele aparecer ao termo da história, segundo a expectativa que eles compartilham, de toda maneira, com os cristãos, lhes será dado, então, descobrir que Ele já tinha vindo na forma de Jesus.

E com as outras religiões – como as coisas se apresentam?

Haveria muito a dizer sobre o objeto, o espírito e as condições do diálogo entre o cristianismo e as outras religiões. Levando em conta seu caráter essencial, eu me atenho à questão do messianismo, como nós introduzimos. É evidente que só podem ser levadas em conta as religiões que professam um Deus único ou, ao menos, uma realidade transcendente que tenha decidido dirigir à humanidade um enviado que se apresente ao mesmo tempo como seu mensageiro, seu representante e seu fundamento de poder. Em suma: como um mediador capaz de ser portador de uma mensagem de salvação e, melhor ainda, de efetividade de uma verdadeira salvação. Quando nos interrogamos desta maneira, estamos apontando para aquilo que, na história das religiões, chamamos de "religiões de fundadores históricos". Entre estas, e se deixarmos de lado os fenômenos do tipo sectário, duas grandes religiões mundiais apresentam-se nessas condições, com exceção da religião judaica já mencionada (com a figura referencial e fundadora de Moisés): o budismo e o islã.

O budismo deve a sua origem ao Príncipe Gautama, que viveu no norte da Índia cinco séculos antes de Jesus Cristo. Ele foi reconhecido como Buda (ou seja, o "Iluminado"), que abriu a todos os discípulos a via da iluminação que conduz à realização suprema no nirvana. Mas Gautama o Buda não é uma figura divina, sua religião não conhece de modo algum um Deus único pessoal e transcendente, suscetível de fazer uma mediação humana na história.

Se por um lado o Islã acredita em Deus e este Deus escolheu em Maomé um enviado humano encarregado de revelá-lo, é certo que, para ele, apenas Alá é Deus e Maomé é *apenas* o "seu Profeta". Na perspectiva muçulmana, isso basta amplamente; aliás, para assegurar a este último sua excelência única, já que, tendo vindo após Jesus (Ele próprio profeta que deve ser venerado como tal, como está indicado no Corão), Maomé o suplanta definitivamente pela razão de marcar o coroamento histórico não ultrapassável da revelação de Deus. Mas Maomé, evidentemente, não é Deus, e um muçulmano é muito severo sobre a questão do monoteísmo para sequer levantar a hipótese que Deus possa ter um Filho!

A resposta à questão colocada neste ponto do nosso itinerário é, portanto, clara. Dentre as religiões do mundo que professam uma revelação de Deus através de um mediador-profeta-representante qualificado, é uma especificidade do cristianismo anunciar que este último revela *Deus sendo Ele mesmo Deus*. Deus *encarnado*, apontam certamente os cristãos e Deus-*Filho* de Deus com certeza. Mas indiscutivelmente "*verdadeiro Deus* nascido do verdadeiro Deus", como professa – sempre ele – o Credo Niceno-constantinopolitano. Pessoalmente, eu não estaria longe de considerar que tanto a especificidade quanto o interesse do cristianismo se devem ao fato que, segundo ele, Jesus Cristo não é apenas Deus e homem, mas que Ele se revelou como sendo ao mesmo tempo divinamente homem e humanamente Deus.

É claro – seria preciso pormenorizar para afastar qualquer ambiguidade? –, nenhuma diferença, não importa quão marcada ela possa ser, não pode ser suficiente para assegurar uma credibilidade nem, de maneira ainda mais evidente (se este termo fizer algum sentido aqui), uma superioridade! Para nos atermos à "formulação que questiona", adotada ao longo de todo o livro, eu diria de bom grado que a boa interrogação aqui seria a seguinte: Em que e por que, por qual ponto de vista, até onde e em quais condições a diferença cristã faz "sentido"?

Não seria conveniente, para terminarmos este diálogo sobre Jesus Cristo, explicar o que representa a última afirmação da fé cristã, a que fala sobre uma "volta do Cristo"? O que se quer dizer quando esta volta é evocada? E, além disso, os cristãos de hoje em dia ainda a aguardam?

Não devemos nos esquecer que Jesus apareceu dentro de um contexto histórico onde a espera messiânica era particularmente ardente e onde diversos profetas e personalidades carismáticas acreditavam estar autorizadas a anunciar a vinda dos últimos tempos e, portanto, o acontecimento do fim da história, que traria a confirmação da esperança de Israel. O melhor a fazer aqui é remeter a certas palavras atribuídas a Jesus em diversos discursos com forte coloração escatológica, presentes em cada um dos evangelhos sinóticos: "Os fariseus perguntaram um dia a Jesus quando viria o Reino de Deus. Respondeu-lhes: "O Reino de Deus não virá de um modo ostensivo. Nem se dirá: Ei-lo aqui; ou: Ei-lo ali. Pois o Reino de Deus já está no meio de vós" (Lc 17,20-21). Aliás, Jesus não tinha anunciado desde o início da sua pregação: "O Reino de Deus está próximo"? (Mc 1,15). E dado o seu significado dentro do contexto da sua época, como sua autodesignação como Filho do Homem não poderia deixar de evocar, entre seus ouvintes, a figura aguardada que viria "sobre as nuvens do céu" para os tempos do "final".

Seus discípulos, aliás, continuavam esperando, no momento da sua partida, que seria Ele que "restabeleceria Israel". Em suas primeiras epístolas dos anos 50, Paulo dedica-se a entreter e distrair seus correspondentes da Tessalônica, um pouco ansiosos a respeito desse final: este fim marcará, disse-lhes ele, a parusia, ou seja, o retorno do Senhor[35]. Enfim, as correntes apocalípticas estavam tão vivas perto do final do século I que o último livro do Novo Testamento, chamado "Apocalipse de São João", permanece, do início ao fim, impregnado desta mentalidade.

35 A palavra grega *parusia* significa "presença/vinda"; portanto, "retorno", quando esta vinda foi precedida por uma partida.

Mas Jesus veio e o final dos tempos não aconteceu...

Esta é a evidência e foi um pouco difícil, ao menos para as duas ou três primeiras gerações cristãs, compreender a maneira como, em e com Jesus, Deus pôde atender a esperança que Ele tinha suscitado em seu povo. Seria necessário compreender que se Ele tinha indiscutivelmente vindo em Jesus, era efetivamente para levar, a curto termo, os seus com Ele à vida eterna? Ou será que Ele tinha se juntado a eles para acompanhá-los no seu caminho sobre a terra através de uma história que deveria continuar progredindo até chegar à sua realização última "que apenas Deus conhece", para usarmos a mesma expressão do Concílio Vaticano II? Dito de outra maneira: para dali em diante estar "com eles até o fim do mundo" (Mt 28,20), últimas palavras do primeiro dentre os sinóticos... Quando se produzirá este final?

Foi difícil para os cristãos admitirem, no fim de um certo tempo, que a escatologia em questão só se realizaria de maneira diversa. E que enquanto aguardavam, era necessário não apenas se organizar para durar no "entre dois", mas decidir-se a viver de tal maneira que eles pudessem efetivamente ser contados entre os beneficiários da salvação quando esta se realizasse para eles. Dito de outra maneira, a mentalidade dominantemente escatológica do início tornou-se, cada vez mais, se assim podemos dizer, organizacional-eclesiástica e ética-moral... sem, no entanto, deixar de se preocupar com "o final"!

Pois nem por isso esses cristãos dos primeiros tempos podiam negligenciar o que poderia estar lhes aguardando – um dia ou outro! – ao mesmo tempo na sua existência pessoal e ao término da história total da humanidade. Jesus lhes abrira uma vida e uma felicidade capazes de vencer a morte. Quais poderiam ser, então, precisamente a partir daí, sua esperança e sua fé... e quais poderiam ser, consequentemente, a esperança e a fé para nós que os sucedemos? É aqui que toma sentido a expectativa de um "retorno do Cristo".

Os cristãos consideram, portanto, que a volta do Cristo acontecerá no final da história?

Me parece que o melhor que podemos fazer diante desta imensa questão (um pouco esquecida pelos próprios cristãos) é começar nos remetendo à apresentação dada pelo Novo Testamento (Mt 25,31-46). Ei-la aqui:

> Quando o Filho do Homem voltar na sua glória e todos os anjos com Ele, se sentará no seu trono glorioso. Todas as nações se reunirão diante dele e Ele separará uns dos outros, como o pastor separa as ovelhas dos cabritos. Colocará as ovelhas à sua direita e os cabritos à sua esquerda. Então, o Rei dirá aos que estão à direita: "Vinde, benditos de meu Pai, tomai posse do Reino que vos está preparado desde a criação do mundo, porque tive fome e me destes de comer; tive sede e me destes de beber; era peregrino e me acolhestes; nu e me vestistes; enfermo e me visitastes; estava na prisão e viestes a mim". Os justos lhe perguntarão: "Senhor, quando foi que te vimos com fome e te demos de comer, com sede e te demos de beber? Quando foi que te vimos peregrino e te acolhemos, nu e te vestimos? Quando foi que te vimos enfermo ou na prisão e te fomos visitar? Responderá o Rei: "Em verdade eu vos declaro: todas as vezes que fizestes isso a um destes meus irmãos mais pequeninos, foi a mim mesmo que o fizestes". Ele se voltará em seguida para os da sua esquerda e lhes dirá: "Retirai-vos de mim, malditos! Ide para o fogo eterno destinado ao demônio e aos seus anjos. Porque tive fome e não me destes de comer; tive sede e não me destes de beber; era peregrino e não me acolhestes; nu e não me vestistes; enfermo e na prisão e não me visitastes". Também estes lhe perguntarão: "Senhor, quando foi que te vimos com fome, com

> sede, peregrino, nu, enfermo, ou na prisão e não te socorremos?" E Ele responderá: "Em verdade eu vos declaro: todas as vezes que deixastes de fazer isso a um destes pequeninos, foi a mim que o deixastes de fazer". "E estes irão para o castigo eterno, e os justos, para a vida eterna."

Como compreender um texto com tal poder de evocação? Trata-se da encenação de uma volta do Cristo. Ora, nos é declarado logo de início que o protagonista é aquele que se manifestou e foi reconhecido em Jesus, a saber, este "Filho do homem" que é seu "próprio Filho", tendo vindo no homem de Nazaré no coração da história.

Contudo, em primeiro lugar, nos é esclarecido que essa nova "vinda", este retorno, deve se produzir dessa vez ao término da história, cujo fim será efetivamente marcado por essa volta; e, em seguida, eles se apresentarão, nem mais nem menos, como o julgamento da história, de toda a história da humanidade. Em suma, trata-se do "julgamento final" – o que nos faz encontrar (mais uma vez) o Credo dos cristãos: "Ele voltará na glória para julgar os vivos e os mortos e o seu reino não terá fim".

Esse julgamento é apresentado como uma discriminação, pois uns são tratados pelo seu juiz como "os abençoados do meu Pai", enquanto os outros se veem condenados a um "penar eterno". Certo, não é possível evitar aqui um sentimento de reticência, até mesmo de indignação e recusa: O quê? Este é o "Reino" e a "salvação" prometida pelo Deus do amor e da misericórdia[36] que enviou seu próprio Filho precisamente para abri-los à humanidade?

---

36 Ressaltemos a riqueza de significados desta bela palavra do vocabulário bíblico-cristão: a misericórdia! Como pano de fundo, há um termo hebraico que evoca "as entranhas" (no sentido que essa palavra possui em uma expressão como "ser tomada pelas entra-

O importante, acima de tudo, é lembrar que os critérios de discriminação utilizados e do julgamento feito não são nem de ordem institucional (A qual Igreja ou a qual religião pertencias?), nem ideológica (Qual era sua "visão do mundo" ou sua opinião pessoal sobre este ou aquele assunto?), nem mesmo de ordem doutrinária (Acreditas em Deus e/ou na vida eterna?). Existe apenas um único critério, e ele decide tudo: Como te comportastes diante daquele a quem faltava o reconhecimento e o amor, sobretudo o pequeno, o fraco e o pobre, o enfermo, o faminto e o prisioneiro? E também é significativo que este critério seja aplicado por um juiz que não é nem um potentado nem um verdugo, mas que nos dá a saber que Ele próprio era aquele que foi mandado embora e/ou maltratado quando agimos desta maneira com o pequeno, o pobre, o enfermo etc., pois estes eram seus "irmãos"!

Juiz surpreendente, reino singular, poder desconcertante, glória paradoxal: tudo o que os homens colocam sob esses termos e que tanto os motivou e conduziu através de todos os tempos da história, encontra-se virado do avesso e indeferido quando ela chega ao seu final. Quando tiver chegado o tempo do julgamento deste mundo, o que tudo julgará, definitivamente e para todo sempre, é o que teremos feito ao (e feito do) "menor dentre (seus) irmãos"! Poderíamos dizer melhor que aquilo que, no final, "contará" acima de tudo e "salvará" de tudo, é o amor que tivermos sabido manifestar em atos e em obras àqueles que não o tinham?

---

nhas"). O latim e as línguas latinas nos deixam escutar que é apenas o "coração" que pode tratar a "miséria" com "humanidade". Com sua *Barmherzigkeit*, o alemão coloca em relação o coração e os braços: devemos abrir os braços aos infelizes e sofredores de todos os tipos para apertá-los contra o coração.

E o anúncio evangélico ressalta que aqueles que serão, então, levados a julgamento não serão "tomados por traidores", já que a mensagem dada é rigorosamente a mesma daquela proclamada por Jesus, que acreditamos que irá voltar no final da história. Uma mensagem que Ele próprio colocou à obra ao longo da sua primeira vinda, para cuja proclamação e realização Ele foi condenado à morte... e que a sua ressurreição dentre os mortos veio soberanamente validar!

Nós sabemos o suficiente para chegarmos a uma conclusão sobre a nossa última questão. Enfatizando logicamente a volta do Cristo no final da história, ela remete ao último ponto que devemos examinar quando nos propomos a explicar Jesus: se a grande cena do Julgamento final de Mateus não pretende nos dar nenhuma informação detalhada que nos permita imaginar como poderia ser um roteiro do fim do mundo, ela nos esclarece, em contrapartida, sobre o essencial – sobre o único necessário.

Esta é de fato a intenção patente de toda a encenação aqui: ela só quer nos levar de volta ao coração do ensinamento e à prática evangélica de Jesus Cristo. O que conta na vida, quando ao menos aceitamos compreendê-la à luz de Jesus, é colocar em primeiro lugar o amor e o serviço aos seus irmãos em humanidade, começando pelos mais espoliados dentre eles. E, se acreditarmos na mensagem do Jesus de Mateus, se não tivermos reconhecido neles o semblante do Filho do homem, o do crucificado do Gólgota que se tornou o ressuscitado da manhã de Páscoa, temos, contudo, fundamento para acreditarmos poder ser contados entre aqueles que, para sua total surpresa, terão a alegria de se ouvir dizer: "Vinde, os abençoados do meu Pai!" Único critério supremo: a maneira como terás amado o teu irmão.

Poderia ousar terminar da seguinte maneira:

• Tudo leva o homem e o fiel cristão que eu sou a pensar que esta maravilhosa palavra poderá finalmente ser ouvida, como diz o Apocalipse, por "uma multidão imensa, de toda raça, língua, povo e nação" (5,9). E não é, da minha parte, nem inconsequência nem condescendência, mas encadeamento lógico daquilo que pude compreender sobre o Deus que se revelou em Jesus Cristo: não apenas "Ele veio, mas Ele veio para que todos os homens se salvem e cheguem ao conhecimento da verdade" (1Tm 2,4), mas Ele ama até mesmo "os maus"!

• Só posso me alegrar pelo fato da fé em Jesus Cristo ter chegado a este ponto onde ela nos leva de volta ao humano e o coloca no centro de toda a "causa" do homem, começando pela causa dos mais desprovidos dentre nós. Isso é tão verdadeiro que fingir render um culto a Deus sem amar o seu irmão é ser um "mentiroso", é iludir-se totalmente, é, finalmente, "desperdiçar sua vida". Mas, vocês me permitirão acrescentar: eu sou levado a pensar exatamente a mesma coisa sobre quem, acreditando não dever ou não poder crer em Deus, não encontra aí uma razão suplementar para se dedicar ainda mais seriamente a amar o seu irmão.

CONCLUSÃO

"Explicar Jesus": esta é a tarefa que eu aceitei a convite da Editora du Seuil ao dar palestras sobre a série de obras entre as quais este livro vem agora ocupar o seu espaço. Eu devo, no entanto, reconhecer que uma interrogação se impõe logo de cara a mim: Mas... será que aquilo que diz respeito a Jesus pode ser "explicado"?

"Explicar para melhor compreender."

De fato, sabemos que, em tudo onde há a marca humana, não é explicando que podemos chegar à clareza e progredir rumo à compreensão. Quem ainda não verificou diversas vezes que uma explicação do tipo argumentativo ou demonstrativo não tem poder ali onde se trata de conduzir ou de ajudar a ter esperança ou a amar, ou a acreditar, no sentido de "ter confiança"? Ora, estas são precisamente as atitudes que Jesus convoca para que sejam colocadas à obra, inclusive com relação a Ele mesmo; sem estas atitudes, Ele prevê muito claramente que aquilo que diz, faz e é continuará sendo (para um número muito grande, em todo caso) algo totalmente desinteressante ou, pelo menos, amplamente problemático. É preciso convir: desde que estejam em jogo questões que tocam a existência humana, o engajamento que podemos ter e o sentido que é possível lhe dar – e é justamente o que está em jogo com Jesus –, não é lançando-se em grandes explicações e multiplicando-as que poderemos chegar à luz e eventualmente conduzir outra pessoa a esta luz.

No entanto, não se trata de ter esperança, nem de amar, nem de ter confiança ou acreditar sem ter *razões* para fazê-lo e, portanto, sem instaurar uma reflexão: sem que a inteligência tenha realmente contribuído! Ora, aqui a filosofia hermenêutica contemporânea pode realmente vir em nosso auxílio. Ela nos ensinou que quando a reflexão aborda precisamente as "coisas humanas", ela não deve se mover apenas com o objetivo de "explicá-las", mas resolutamente invocar e abrir espaço para "compreender". Mais precisamente, nos ensina ela, se a explicação guarda certamente aqui todo seu interesse e até mesmo sua necessidade, sua verdadeira tarefa é a de se colocar, como dizia Ricoeur, a serviço de uma melhor compreensão. A regra de ouro daí decorrente seria: "Explicar mais para compreender melhor", e até mesmo: "Explicar apenas para compreender melhor".

Compreender melhor! É preciso, portanto, considerar que a explicação aqui, ao mesmo tempo, só tem chance e só desperta interesse se ela se reportar a um compreender *prévio*, só se ela própria se colocar a serviço de um compreender que a antecede: falamos correntemente neste contexto de "precompreensão". Se tudo correr bem desta maneira, a verdadeira questão que deveremos nos colocar será, então, pura e simplesmente, saber qual pode ser a precompreensão que está em jogo quando se trata de explicar Jesus!

"Explicar mais" Jesus para "compreender melhor" a existência humana.

A resposta é simples, mesmo que alguns dentre aqueles que alegam pertencer a Jesus tenham mais ou menos perdido de vista esta resposta, e mesmo que (consequentemente) ela não seja mais perceptível para diversas pessoas que são estrangeiras a Jesus ou que estão muito afastadas dele: a pré-compreensão, sobre a qual falamos, diz respeito, nem mais nem menos, à *existência humana como tal*. Vamos ser mais precisos: trata-se desta compreensão que cada uma e cada um pode ter (e até mesmo deve se esforçar para ter) da sua própria vida, daquilo no qual pode se engajar, daquilo que é suscetível a lhe dar um sentido.

Isso já foi suficientemente observado: quando o Jesus dos evangelhos coloca a questão "Quem sou eu?", Ele a formula com duas precisões: 1) previne seus interlocutores que caberá a eles decidir: "*Para vós,* diz Ele, quem sou eu?"; mas 2) Ele precede essa questão (que lhe diz respeito) de uma outra, que convida seus interlocutores a se interrogarem *primeiro sobre eles mesmos*: "E vós, *o que dizeis*?" Pois devemos notar que essa segunda questão (que, contudo, vem, em realidade, primeiro aos lábios de Jesus!) diz respeito à própria pessoa que está se interrogando sobre Jesus. O "o que dizes?" significa em suma: "Em que ponto estais em vosso próprio "posicionamento" na vida, na vossa compreensão das "coisas da existência humana?"

Jesus convida aquele que se interroga a seu respeito a só fazê-lo a partir da sua própria existência e do sentido que ele já pensa poder dar a ela. O método pertinente não é, de maneira alguma, partir de uma questão sobre Deus e de um "saber" (positivo ou negativo) que responderia a isto, para em seguida se dar à tarefa de verificar se este saber é aplicável ou não a Jesus... que então poderia ou não ser tomado por Deus. Ela é: (1) partir da interrogação que eu não posso deixar de ter (em um momento ou outro) sobre mim mesmo e minha própria existência humana e a autocompreensão que, de fato, daí resulta, para (2) perguntar-me, apenas em um segundo momento, se o "saber" através do qual seria eventualmente possível chegar à pessoa de Jesus, poderia me fazer progredir na compreensão da minha existência. Mais precisamente: me permitiria dar maior e melhor sentido e força à minha vida.

A metodologia e a problemática desta obra.

Seria a metodologia desta obra a invenção de um teólogo moderno ou pós-moderno, conquistado pela secularização generalizada, tendo voltado de todos os idealismos e que, portanto, só se interessaria, na realidade, "pelo homem"? Eu estimo que a maneira através da qual nós desdobramos aqui a reflexão sobre Jesus situa-se, pelo contrário, no próprio fio condutor da sua atitude, levando em consideração aquilo que sabemos. E vimos que, contrariamente àquilo que por vezes pretendemos até uma época recente, este saber está longe de ser negligenciável.

Mas o tipo de reflexão aplicado aqui é calcado também na atitude do próprio Deus, ao menos se acreditarmos em Jesus e naquilo que a fé cristã propõe a seu respeito. Quando, após longas preparações históricas, Ele quer se fazer plenamente conhecido dos homens – ou seja, propriamente *revelar-se* a eles –, escolhe se fazer homem Ele próprio: "Ele tomou a carne da Virgem Maria e se fez homem", professa o Credo cristão.

Primeiro, isso significa levar em consideração o *saber* que, de agora em diante, dispomos sobre Jesus; o de que *não é não sendo* realmente (ou não totalmente) homem que pôde manifestar e fazer compreender que Ele é Deus/Filho de Deus; *mas sendo* homem "até o fim", aí compreendida a morte. Mas isso também quer dizer que não é com a condição de relativizar, menos ainda de desprezar, minha própria existência humana, que eu sou convidado a considerar que Jesus talvez tenha algo a ver com "aquilo que os homens chamam de Deus": é, pelo contrário, levando totalmente a sério a interrogação que suscita aos meus olhos a compreensão que eu já consegui dar a mim mesmo sobre aquilo que significa "ser homem".

Eu frequentemente repeti, como teólogo, como fiel e como pastor, que, no final das contas, se "Deus" (na medida em que Ele existe) só pode ser um grande, um enorme mistério; o verdadeiro acesso a Ele – segundo, em todo caso, aquilo que eu aprendi e sei sobre Jesus – só pode ser o "mistério que cada homem é para si mesmo": este mistério que, eu não duvido, cada um se esforça para (melhor) compreender e para melhor viver como homem. Esta foi, em todo caso, a problemática que conduziu a reflexão apresentada dessas páginas que se propunham, efetivamente, a "explicar Jesus".

Um poderoso testemunho contemporâneo: Dietrich Bonhoeffer (1906-1945).

É hora de dar férias ao meu leitor. No momento em que o faço, parece-me que eu não poderia proceder de melhor maneira senão comunicando-lhe algumas linhas de um fiel, pastor e teólogo cuja reflexão ao mesmo tempo *crítica* e o testemunho *confesso* tiveram grande importância para mim:

Dietrich Bonhoeffer[37]. E teve importância porque, justamente, ele não encontrou sentido nem tampouco prêmios quando estava em busca de um saber maior sobre Jesus, a não ser na medida em que isso lhe permitisse compreender melhor sua própria existência humana diante de questões radicais que lhe foram colocadas nas prisões de Hitler, onde ele morreu por ter combatido a barbárie nazista. Ou seja: a total desumanidade demonstrada pelo nazismo, mas cujas recentes evoluções da nossa sociedade nos mostram que "o ventre que o fez nascer continua fecundo" – *hélas*.

> É totalmente reconhecido, segundo Mt 8,17, que o Cristo não nos traz socorro em virtude de ser todo-poderoso, mas em virtude da sua debilidade, no sofrimento! Esta é a diferença decisiva em relação a todas as outras religiões. A religiosidade do homem o remete, no seu desespero, ao poder de Deus no mundo: Deus é o *deus ex machina*. A Bíblia remete o homem à impotência e ao sofrimento de Deus; apenas o Deus sofredor pode trazer socorro. Seguindo esta linha, podemos dizer que a evolução descrita rumo à maioridade do mundo, que liquida uma falsa representação de Deus, liberta o olhar para o Deus da Bíblia, que encontra lugar e poder no mundo para sua impotência. Tal deverá ser, sem dúvida, o ponto de partida da "interpretação secular".
>
> Se a terra se tornou digna de carregar o homem Jesus Cristo, se um homem como Jesus pôde ali viver, então, também para nós, a vida vale a pena ser vivida. Se Jesus não tivesse vivido, nossa vida, apesar de todos os outros seres humanos que co-

37 Os textos deste teólogo luterano alemão citados aqui podem ser encontrados em DORÉ, J. (éd.). *Jésus le Christ et les chrétiens* [Jesus o Cristo e os cristãos]. Paris: Desclée, 1981, p. 190-192 [Col. Jésus et Jésus Christ]. Remetem à obra alemã *Widerstand und Ergebung*, publicada em francês sob o título *Résistance et soumission* - Lettres et notes de captivité [Resistência e submissão - Cartas e notas do cativeiro]. Genebra: Labor et Fides, 1967.

nhecemos, veneramos e amamos, seria desprovida de sentido.

Se a ilusão já detém um poder tão grande sobre a vida humana que ela pode amparar todo o seu curso, quão grande não é o poder de uma esperança absolutamente fundamentada e quão invencível não é a vida, então! "Cristo nossa esperança" – essa fórmula de Paulo é a força da nossa vida.

Nós devemos repetidamente, sempre muito lentamente e muito calmamente, nos jogar no abismo da vida, da palavra, da ação, do sofrimento e da morte de Jesus, para conhecer o que Deus promete e o que Ele realiza. Nós temos a certeza de sempre poder viver na proximidade e na presença de Deus e que esta vida é para nós uma vida completamente nova; que não existe para nós nada mais de impossível, já que não há nada impossível para Deus; que nenhum poder terrestre pode nos alcançar sem a vontade de Deus e que o perigo e o desespero só nos aproximam dele. Nós temos certeza de não termos direito a nada e, no entanto, nós podemos tudo pedir; nós temos certeza de que em tudo isto nós nos encontramos em uma comunidade que nos ampara. A tudo isto, Deus disse em Jesus um Sim e um Amém. Este Sim e este Amém são o solo firme sobre o qual nos erguemos.

REFERÊNCIAS

Dentre a importante literatura disponível e limitando-nos às publicações recentes em francês, podemos remeter às seguintes obras:

BOESPFLUG, F.-D. *Le regard du Christ*. Paris: Desclée-Mame, 2014.

BOYARIN, D. *Le Christ juif*. Paris: Cerf, 2014.

KAHALIDI, T. *Un musulman nommé Jésus*. Paris: Albin Michel, 2014 [Spiritualités].

KÜNG, H. *Jésus*. Paris: Seuil, 2014.

MARGUERAT, D. (éd.). *Jésus de Nazareth* – Nouvelles approches d'une énigme. Genebra: Labor et Fides, 1997.

PAGOLA, J.A. *Jésus* – Approche historique. Paris: Cerf, 2013 [Lire la Bible].

PERROT, C. *Jésus et l'histoire*. Paris: Desclée, 1999 [Jésus et Jésus Christ].

______. *Jésus*. Paris: PUF, 1988 [Que sais-je?].

QUESNEL, M. *Jésus-Christ*. Paris: Flammarion, 1994 [Dominos].

SCHLOSSER, J. *Jésus de Nazareth*. Paris: Noesis, 1999.

SESBOÜÉ, B. *Jésus-Christ dans la Tradition de l'Église*. Paris: Desclée, 2000 [Jésus et Jésus Christ].

TÉZÉ, J.-M. *Théophanies du Christ*. Paris: Desclée-Mame, 1995.